그 페미니즘은
틀렸다

그 페미니즘은 틀렸다

혐오에서 연대로

오세라비 지음

도서출판
좁쌀한알

한국 사회 급진 페미니즘 현상을 들여다본다

그리스 신화에는 흉악한 강도 프로크루스테스의 이야기가 나온다. 프로크루스테스는 행인들을 납치해서 자기 집 철 침대에 눕혔다. 행인의 키가 침대보다 크면 그만큼 잘라내고 침대보다 작으면 침대 길이에 맞추어 잡아 늘려서 죽이는 악행을 저질렀다. 잘못된 길로 들어선 페미니즘은 프로크루스테스의 침대를 연상시킨다. 모든 것을 편협한 페미니즘 사조에 끼워 맞춘다. 페미니즘을 받아들이지 않으면 냉혹한 검열의 잣대를 들이댄다.

여자 대학교를 비롯한 대학가의 페미니즘 열풍은 대단하다. 이 열풍은 대학가를 넘어 한국 사회 전체의 트렌드가 되었다. 한국인 특유의 의제 쏠림 경향도 여기에 한몫했을 것이다. 페미니즘이 그야말로 제철을 만났다. 이 현상을 지켜보는 나로서는 몹시 곤혹스럽다. 현재 페미니즘이 여성의 행복, 더 나아가 우리 사회의 행복과는 상관없는 잘못된 길로 들어섰다고 판단하기 때문이다. 페미니스트 전성시대를 맞아 모두에게 페미니즘을 강요하고 있을 뿐이다. 테세우스에 의해 자신이 저질렀던 방식 그대로 비참한 죽음을 맞이한 프로크루스테스의 최후를 떠올리는 건 지나친 걱정일까?

이 책은 한국 사회를 휩쓸고 있는 급진적 페미니즘 현상에 대한 고찰과 비판을 담고 나아가 21세기 페미니즘, 여성운동의 바람직한 방향성에 대한 의견을 제시하기 위해 썼다. 왜 페미니즘이 아니라 성평등인가, 왜 페미니스트 운동이 아니라 새로운 여성운동이어야 하는가에 대해 말하기 위함이다.

19세기 중반 무렵 시작된 여성 참정권 투쟁으로부터 이어진 여성운동은 반복과 쇠퇴를 겪으며 지금까지 왔다. 그런데 페미니즘은 21세기를 맞은 지금도 여전히 구시대 이념을 고수하고 있다.

우리 사회에서 전개되는 현상에는 사회적 원인이 분명히 존재한다. 급진 페미니즘도 마찬가지다. 그동안 강단 여성학에 머물러 있던 강단 페미니스트를 필두로 이른바 '넷페미'로 불리는 온라인 페미니스트 부류, 이를 뒷받침하는 여러 좌파 언론의 일방적인 페미니즘 옹호가 맞물려 페미니즘 현상을 만들었다. 오늘날의 페미니즘 현상은 시류를 타는 단순한 문화적 현상을 뛰어넘는다. 심각한 남녀 분리주의, 남성 혐오 그리고 사회 갈등과 분열을 일으키고 있다. 이 점을 우려하지 않을 수 없다.

우리 모두는 스스로 인생을 선택한다. 여성과 남성이 교육의 권리, 법적 권리, 참정권 등을 함께 누린다. 의무와 권리도 동등하다. 지금 세대는 역사상 최고 수준의 성평등 의식을 공유하며 성장하였다. 그런데도 급진 페미니즘의 풍랑이 일어나는 이유는 무엇일까?

페미니즘 운동의 역사는 길게 잡아 약 200년이다. 현대 페미니즘 이론은 이 시기를 거쳐 형성되었다. 국내에서는 1970년 초에야 대학 강단을 중심으로 하나의 문화운동 성격으로 자리 잡기 시작했다. 그리고 1980년대 후반부터 1990년대로 들어서면서 여성단체들이 생겨나며 여성운동의 폭발적 성장이 이루어졌다. 그리고 서구 페미니즘의 긴 역사적 운동을 단번에 압축하여 국내로 유입했다. 이것은 1960년대 후반 '68혁명'이라 불리는 사회저항운동 일부로 급진적 좌파 출현과 함께 급진 페미니스트 단체가 생겨난 것과 흐름을 함께한다.

유럽과 미국에서 태동한 페미니즘은 19세기 초 조직화된 운동으로 발전하였다. 철저히 백인 중간계급 여성이 주도하였고 그들의 경험을 일반화했다. 이것이 페미니즘의 원재료라고 말할 수 있다. 페미니즘의 목적은 여성의 지위와 권한 향상이다. 그 당시 급진적 페미니즘이 발현한 데에는 시대적 요구라는 불가피한 측면이 존재했다.

그렇다면 현재 한국 사회 전체를 조망해보자. 페미니즘 사상에 깊이 물든 젊은 여성들 대다수가 대학 교육 혜택을 받으며 과거 세대와는 비교할 수 없을 만큼 유복한 환경에서 성장했다. 급진 페미니즘이 성장할 자양분이 부족한 셈이다. 하지만 개인적이고 이기적인 성향은 상대적 박탈감을 제어하지 못한다. 욕망을 다스리지 못한 이들은 급진적 페미니즘에 쉽게 빠져들었다.

낮은 자존감, 페미니즘을 일종의 방어기제로 삼고 싶은 심리, 과잉 피해의식 등이 페미니즘으로 포장되었고 동아리를 이루었다. 그리고 몇몇 사람들이 이 기회를 놓치지 않고 나섰다. 직업이 페미니스트인 강단 페미니스트, 여성단체 페미니스트들이 때를 만난 듯 화답하며 지금에 이르렀다.

덧붙여, 전통적으로 여성과 성 소수자 권리를 옹호하고 그 존중을 주장해온 좌파 언론이 일제히 가세하여 페미니즘 옹호 일색의 논조를 이어가고 있다. 여기에 페미니즘에 대해 소유권 의식이 있는 군소 좌파 정당 내 여성주의자들이 이를 주요 의제로 다루기 시작했다. 대학 강단, 좌파 언론, 좌파 정당의 스노비즘적인 면모도 주요 이유로 작용하였다.

철 지난 개념인 가부장제 타파, 여성해방론이라는 1970년대 초 급진적 페미니즘 사상이 이제야 국내에 상륙하여 맹위를 떨치는 현상은 그동안 서구 페미니즘이 오랜 역사를 거치며 오늘의 양성평등으로 진화해온 양상과는 크게 차이가 난다. 페미니즘 이론의 부실함은 둘째치고 급진적 페미니즘의 여러 분파 중 성 권력 개념만 집중하여 입맛에 맞는 이슈만 바구니에 골라 담은 형국이다. 귤화위지橘化爲枳 페미니즘이다. '데이트 강간', '시선 강간' 등 서구 급진 페미니스트들이 오래전 주장했던 개념 중 일부만 확대하여 국내 페미니스트들이 그들만의 검열 잣대를 들이대며 위세를 몰아가고 있다.

반면에 남성들은 역차별에 항의하고 있다. 구세대 남성들과는 달리 양성평등 관계 속에서 성장한 젊은 남성들은 급진적 페미니즘의 남성 혐오와 검열 행태에 반발한다. 급진적 페미니즘 분파 중 가장 목소리를 높이는 여성 우월주의 경향에 대해 분노한다. 대한민국 남성은 만 18세 이상이면 병역 의무 대상이다. 현역 복무를 마치면 예비군 훈련 기간에 속한다. 남성만 해당하는 의무 사항이다. 그런가 하면 이혼 가정의 증가로 한 부모 가정의 부자 가족, 즉 편부 가족은 자녀 양육에 더 큰 어려움을 겪고 있다. 자녀를 온종일 태권도 도장에 맡겨두는 편부도 있다. 여성의 문제, 남성의 문제가 따로 존재하는 것이 아니다.

페미니스트 진영 일각에서는 초등학교부터 페미니즘 교육 필요성을 주장한다. 그런데 성평등Gender Equality 교육이 아닌 여성주의Feminism 사상을 주입하는 것이 옳은 일인가? 우리나라는 유엔개발계획UNDP 발표 2015년 기준 '성불평등지수Gender Inequality Index'에서 아시아 1위와 세계 10위의 성평등 사회로 나타났다. 그런데도 페미니스트 진영의 압력은 거세다. 이러한 현상에 대한 문제의식을 담고자 한다.

이 책은 5장으로 구성되었다. 1장 '잘못된 길'에서는 급진 페미니즘 무엇이 문제인가에 대한 전체적인 고찰과 국내 페미니즘 현상에 대한 문제의식을 담았다. 2장 '약자 그리고 피해자라는 갑옷'에서는 페미니즘 현상이 파급한 당면 문제들을 살펴본다. 페미니스트들이 말하지 않는 성평등 수준 아시아 1위 현실, 이미 무너진 가부장제, 페미니스트들의 문화 검열 행태 등을 짚어본다. 3장 '그들은 혐오받아 마땅한 존재인가?'에서는 남성 역차별 문제에 대해서 다룬다. 4장 '여성 친화적 복지를 향해'에서는 21세기를 맞은 여성운동의 패러다임 변화를 제안한다. 세계 최고 수준의 성평등을 이룬 노르딕 국가의 사회적 연대와 협력 정신, 사회 협정의 비결에 대해 서술하였다. 5장에서는 파란만장한 삶을 산 이들과 문학 속에서 여성운동을 짚어보았다. 페미니스트들의 우상으로 꼽히며 지대한 영향을 끼친 시몬 드 보부아르, 버지니아 울프의 문학과 급진적 페미니즘의 대모 격인 베티 프리단, 글로리아 스타이넘에 대한 나의 비판적 시각을 제시하였다.

해묵고 교조주의적인 급진 페미니즘의 위력이 우리의 삶을 각박하게 만들지 않을지 걱정하는 것은 기우가 아니다. 세상은 그렇게 변화해가고 있다. 남녀의 낭만적 사랑마저 빛을 잃어가고 있는 시대다. 대중음악의 가사, 위트와 유머마저 페미니스트의 검열을 거쳐야 한다면, 단 한 번의 초대인 우리의 인생은 너무 시시하다.

어떤 이념을 가진 사회운동이라도 휴머니즘이 중심이어야 한다. 페미니스트가 아니라 휴머니스트가 되자. 여성해방이 아니라 페미니즘에서 해방될 시간이다.

차례

프롤로그_한국 사회 급진 페미니즘 현상을 들여다본다   4

1장   잘못된 길

혐오의 장사꾼   15

메갈리아-워마드가 페미니즘의 새로운 물결?   23

보편적 인권 위에 서려는 페미니즘   28

페미니즘의 역사   38

페미니즘 전성시대의 페미니스트 강요   46

누구를 위한 무엇을 위한 페미니즘인가?   55

남성 페미니스트의 활약   61

페미니즘은 누구에게 이득인가   70

레즈비어니즘과 페미니즘의 종말   73

2장   약자 그리고 피해자라는 갑옷

페미니스트들이 말하지 않는 것들   81

여성의 폭력은 존재하지 않는가?   86

이미 무너진 가부장제   92

페미니스트가 아니면 성차별주의자?   96

부활한 문화 검열: 힙합, 여혐 혐의를 받다   99

○○ 걸, 사라져야 할 성 상품화인가?   104

여성의 아름다움은 억압의 족쇄인가?   108

가부장제 탓만 하는 정당의 '성평등 교육'   113

3장   그들은 혐오받아 마땅한 존재인가?

남성 역차별 시대는 엄살이 아니다   123

남자의 종말? 안쓰러운 수컷들   127

결혼하지 않는 남자들   132

여성 전용 시설과 남녀 분리주의   138

남녀 공동 징병제 논의를 시작하자   143

4장 여성 친화적 복지를 향해

여성운동의 눈길이 향해야 할 곳   151

여성운동이냐, 페미니스트 운동이냐?   158

페미니즘의 제 길 찾기   161

3·8 세계 여성의 날과 3개의 행렬   165

여성단체들이 패러다임을 바꾸어야 할 때   170

에바 플렉켄의 양성평등   175

높은 수준의 성평등을 이룬 노르딕 국가   178

여성 친화적 복지   185

새로운 여성운동이 일어나야 한다   197

5장 생각의 폭 넓히기

역사에서 지워진 이슬람 여왕들   207

사라진 러브스토리를 찾아서   212

시몬 드 보부아르, 그녀는 페미니즘의 배신자인가?   222

알렉산드라 콜론타이와 사회주의 여성운동   228

스타 페미니스트, 베티 프리단과 글로리아 스타이넘   234

쿠르드 여성해방이야말로 진정한 여성운동   241

페미니즘 문학 다시 읽기 ① 샬럿 브론테 『제인 에어』   247

페미니즘 문학 다시 읽기 ② 버지니아 울프 『자기만의 방』   253

에필로그_급진적 페미니즘은 급진적 남성 혐오   259

미주   266

1장

잘못된
길

혐오의 장사꾼

최악의 넷 커뮤니티 메갈리아-워마드

메갈리아는 2015년 8월 '여성 혐오에 대항한다'는 명분을 내걸고 남성 혐오를 목적으로 만들어진 인터넷 커뮤니티다. 메갈리아의 시초는 2015년 6월 중동호흡기증후군 '메르스'가 발병했을 때 국내 최대 커뮤니티인 '디시인사이드' 내에 만들어진 메르스 갤러리로 볼 수 있다. 메르스의 최초 감염자가 남성으로 판명되자 일부 여성들이 남성 혐오를 과격하게 드러내며 디시인사이드 이용자들과 마찰을 빚었다. 그러다가 따로 떨어져 나와 만든 것이 '메갈리아'다. 메갈리아의 목적이 남성 혐오임은 분명하다. 한국 남성을 벌레에 비유한 메갈리아식 용어 '한남충'의 번식 탈락이 그들의 목표라는 점만 봐도 알 수 있다.

메갈리아가 대중의 눈길을 끌기 시작한 때는 2015년 10월이다. 이 당시 메갈리아 회원 한 명이 장애인을 비하하고 성소수자(게이) 강제 아웃팅을 하면서 엄청난 비난 속에 주목을 받았다. 나도 이때부터 메갈리아에 관심을 두게 되었고 현재에 이르고 있다.

메갈리아의 과격한 활동으로 논란이 커지자 메갈리아 운영진과 회원들은 극한 남성 혐오 카페 '워마드'를 개설했다. 메갈리아 사이트와 워마드 카페는 각기 남성 혐오를 인터넷 일탈 놀이문화 차원으로 만들었다.

메갈리아 사이트는 이후 페이스북에서 메갈리아 그룹을 만들었고 '메갈리아 4'까지 운영했었다. 메갈리아 4라는 명칭은 메갈리아 1, 2, 3이 가계정 문제, 남성 혐오 프로필 사진 등으로 페이스북 측의 운영 방침에 따라 폐쇄됐기 때문에 네 번째로 메갈리아 그룹을 개설한 데서 비롯되었다.

메갈리아와 워마드 회원은 거의 교집합을 이루었다. 최초의 남성 혐오 사이트 메갈리아는 사이트 운영이 중단됐으나 메갈리아 운영진과 회원 대부분이 워마드로 옮겨 활동하고 있기에 이들을 가리켜 통칭 '메갈리안'이라고 부른다.

2016년 7월에는 이른바 '메갈리아 사태'가 벌어져 인터넷 커뮤니티, 언론, 진보정당, 지식인 등 다양한 영역에서 치열한 논쟁이 전개되었다. 발단은 게임 업체 넥슨이 새로운 온라인 게임 '클로저스'를 만들 때 '티나'라는 게임 캐릭터의 목소리를 맡았던 김자연 씨가 티셔츠를 입고 소셜미디어에 올린 한 장의 사진이었다. 그 티셔츠에는 'GIRLS DO NOT NEED A PRINCE'라는 문구가 새겨져 있었다. 티셔츠의 문구나 판매 사실은 큰 문제가 아니었다. 쟁점은 티셔츠의 판매 주체가 메갈리아와 워마드였으며 판매 수익금이 '메갈리아 활동 중 법적 분쟁에 휘말린 이를 위한 것'이라고 명시한 것이 파장을 불러일으켰다. 넥슨은 김자연 씨와의 계약을 해지했고 새로운 사람이 '티나'의 목소리를 맡도록 했다.

이를 두고 찬반 격론이 부딪쳤다. 김자연 씨 계약 해지에 대해 반대 논평을 내었던 정의당은 집단 탈당이라는 저항에 부딪쳤고 같은 흐름의 의견을 개진한 《시사인》, 《한겨레》, 《경향신문》 등의 매체도 구독자의 정기구독 해지 등의 역풍을 맞아야 했다. 메갈리아와 워마드의 기존 행태에 대한 반발과 분노가 그만큼 거셌던 것이다.

남성 혐오, 아동 성희롱 문제 등 메갈리안들이 일으킨 문제는 이미 사회적 지탄을 받고 있었기에 티셔츠 판매로 촉발된 사태는 일파만파로 퍼져나갔다.

가장 심각한 문제는 메갈리안들이 남성 혐오를 정당화하기 위해 페미니즘을 표방했다는 점이다. 이는 명백한 페미니즘의 도용인 셈이다. 이때부터 많은 이가 현혹되는 일이 발생하기 시작했다.

혐오가 페미니즘을 도용하다

이미 우리 사회는 여성 혐오(여혐), 남성 혐오(남혐)가 극단 혐오(극혐)로 치닫고 있다. 이런 혐오성 용어가 유행처럼 번지기 시작한 것은 언제부터일까?

혐오성 용어의 시초는 2006년 유행어였던 '된장녀'에서 찾아볼 수 있다. 명품을 좋아하는 허영기 많은 여성을 비꼬는 일종의 풍자적 신조어였다. 그러자 즉각 '된장남'이라는 용어가 나왔다. 이런 양성 간의 풍자와 조롱이 점점 극단화되면서 남혐, 여혐을 뜻하는 저급한 용어들이 마구잡이로 양산됐고 사회적 병리 현상의 일부로 떠올랐다.

메갈리아는 정치적 극우 성향 온라인 사이트 '일간베스트저장소(일베)'가 일상적으로 저지르는 '여혐'에 대항하고자 했다. 그들이 선택한 방식은 일명 '미러링mirroring'이다. 말 그대로 받은 대로 되돌려준다는 것이다.

하지만 메갈리아의 미러링 대상은 일베에 그치지 않았다. 한국 남성 전체를 향해 극단적 혐오를 쏟아낸 것이다. 메갈리안들이 사이트에 올리는 글들을 보면 도저히 말이나 글로 옮길 수 없는 수준이다. 그만큼 극혐은 비정상적인 상태에 빠졌다.

메갈리안들에게 전가의 보도가 된 '미러링'은 원래 과학자들이 사람의 심리를 알아보기 위해 시도한 초기 실험을 일컫는 용어다. 미러링, 즉 거울 작용은 감정의 동조 현상이다. 몇 사람이 모여 화기애애한 대화를 나누면 감정의 일치 현상과 유사한 생리적 반응을 보이는 현상을 말한다.

메갈리안들은 미러링의 본래 의미도 변질시켰다. 그들은 그들이 받았던 혐오를 미러링을 통해 일베나 여성 혐오자들에게 되돌려주는 데 그치지 않았다. 실제로는 메갈리안들끼리 미러링을 하고 있었다. 미러링은 집단의 결속력이 클수록 서로의 기분과 감정, 마음속 깊이 간직한 생각 등을 공유하는 정도가 커진다. 문제는 메갈리안들이 극혐의 감정 동조를 서로에게 확산하는 데 있다. 메갈리안들은 미러링의 원래 의미는 물론 페미니즘의 보편적 이론마저 변질시켰다.

그 페미니즘은 틀렸다

메갈리아 사태가 벌어지자 좌파 성향 지식인과 언론매체들 대부분이 메갈리아를 옹호했다. 그들에게 '페미니즘 전사'라는 영광스러운 호칭과 금관을 함께 바쳤다. 하지만 메갈리안들은 그 영예를 그리 좋아하지 않는 것 같다. 워마드는 다음과 같이 자신들의 성격을 명확히 밝히고 있다.

"워마드는 여성운동 단체가 아니다. 워마드는 남성 혐오, 여성 우월 사이트다. 워마드는 99%의 남혐과 1% 염산으로 이뤄져 있다."

이런 현실에도 불구하고 메갈리안들이 여성운동 단체이며 페미니즘의 새 물결을 만든다고 옹호하는 논자들은 둘 중 하나다. (어쩌면 둘 다일 수도 있다). 메갈리아에 대해 제대로 인지하지 못하고 있거나 페미니즘의 보편적 이론에 대해 제대로 이해하지 못하고 있거나. 아마 이들은 평소 자신을 페미니스트로 자처하는 어설픈 좌파 성향일 것이라 짐작한다.

혐오를 옹호하는 지식인들

진중권 동양대 교수의 칼럼 「나도 메갈리안이다」[1]가 메갈리아 옹호의 포문을 열었다. 이어서 여성학자 정희진은 "메갈리아는 일베에 조직적으로 대응한 유일한 당사자"[2]라며 메갈리아 옹호의 글을 남겼다. 그리고 JTBC의 손석희 앵커도 메인 뉴스에서 메갈리아를 옹호하는 멘트를 날리며 논쟁에 가세했다.[3] 《시사인》은 메갈리아 특집호를 마련해, 메갈리아인들을 남성의 폭력이 난무하는 이 야만의 시대에 투쟁하는 숭고한 페미니즘의 전사로 한껏 떠받들다시피 했다.[4]

진보 성향의 논객과 언론들이 연이어 메갈리아 옹호에 편중된 기사를 내보내면서 비판하는 글을 자제하는 경향을 어떻게 이해해야 할까? 이는 진보 성향을 지닌 대형 커뮤니티 이용자들이 오래전부터 메갈리아의 극단적 남혐과 위험성을 인지하고 있는 것과는 상반되는 반응이어서 그 이유와 배경이 궁금해진다.

우리가 명확히 알아야 할 점은 메갈리안들의 남혐이 일베로만 국한된 게 아니라 한국 남성 전체를 향하고 있다는 사실이다. 메갈리안 사이트를 모니터링해보면 일베를 혐오하는 글의 비중은 의외로 낮다. 그 대신 일반적인 한국 남성을 비하하는 대표적인 용어인 '한남충' 등이 압도적이다. 일명 '메갈 용어사전'에 실린 100개 남짓한 용어들의 극혐 표현 수위는 일베조차 울고 갈 수준이다. 메갈리안들이 한남충이라 욕하는 대상에는 자신의 아버지와 남자 형제도 포함된다.

메갈리안들의 강령과도 같은 「페미나치 선언문」은 그 내용을 도저히 글로 옮길 수 없을 정도로 표현이 극도로 저속하다. 그들은 공공연히 파시스트적 성향을 드러낸다. 「페미나치 선언문」은 그들에게 행동 지침이다.

페미니즘과 나치즘이 만나 '페미나치'가 됐다고 한다. 히틀러는 페미니즘을 억압한 인물이 아니던가? 유럽에서 나치는 처단해야 할 단죄의 대상이다. 나치가 저지른 죄악에 대해 역사를 바로잡는 데는 시효가 없다. 나치 패망 후 제2차 세계대전이 끝나자 프랑스는 나치 협력자 약 10만 명 이상을 단죄의 심판대에 올렸다. 독일은 지금까지도 당시 나치 협력자를 찾아내 단죄한다. 2011년 5월에도 수용소 경비

원을 찾아내 법의 심판대에 보냈다. 반세기가 넘어도 나치가 저지른 죄악에 대한 심판은 여전히 진행 중이다.

유럽에서는 나치즘을 표방할 수 없다. 심지어 '나치'라는 단어를 입에 올려서도 안 된다. 나치즘을 옹호하는 행동을 나타내면 어떻게 되는지는 긴말이 필요 없다. 그런데도 명색이 좌파라는 인사들이 메갈리아를 옹호하고 있다.

여성학자 정희진의 "메갈리아에게 고마워하라, 메갈리아가 새로운 물결을 만든다"[5], 박경신 교수의 "혐오는 우리의 소중한 자유다, 메갈리아 이제 눈치들 보지 마시라"[6] 등은 매우 위험하며 또한 무책임한 발언이다. 한국의 여성운동을 후퇴시킴과 동시에 페미니즘의 변질에 큰 영향을 끼친다는 점에 있어 우려스럽기 짝이 없는 글들이다.

우리 사회가 진일보하려면 메갈리아식 극혐은 지탄받아야 한다. 일베가 비난받듯 메갈리아도 비난받아야 한다. 메갈리아가 일베의 혐오에 미러링으로 되돌려줬다 해서 좌파 진영이 메갈리안들에게 정당성을 부여하고 더 나아가 부추김은 전적으로 옳지 못하다. 혐오를 넘어 연대로 나아가야 한다.

스웨덴이 모범적인 성평등 성취 국가를 이룰 수 있었던 것은 '국가는 국민의 집, 사회는 가족'이라는 사회 통합 정신이 사회 전체에 면면히 흘렀기 때문이다. 우리가 함께 사는 이 사회에는 여성들의 문제 해결을 위해 그리고 남성들의 문제 해결을 위해 여성과 남성이 연대해서 싸워야 할 일이 너무도 많다. 그런데 여성과 남성이 분리되고 남성과 남성이 분리되고 여성과 여성이 분리된다면 사회의 기본 틀인 연대의 정신이 무너진다. 내가 메갈리아를 비판하는 가장 중요한 이유가 바로 여기에 있다.

메갈리아가 페미니즘의 새 물결을 만든다고 주장하는 이들에게 묻고 싶다. 대체 누구를, 그리고 무엇을 위한 페미니즘이라는 말인가?

메갈리아-워마드가
페미니즘의 새로운 물결?

급진 페미니즘의 불쏘시개

메갈리아-워마드를 보는 시각은 극명하게 갈린다. 강단 페미니스트
와 여성학자들은 한목소리로 이를 페미니즘의 새로운 물결로 인정한
다. 반면에 대다수 인터넷 커뮤니티 이용자들은 비판적이다. 초창기
디시인사이드 메르스 갤러리에서 독립하여 메갈리아 사이트로 옮기
면서부터 보여준 남성 혐오, 입에 담지 못할 음담패설 난무 등의 과
정을 인지했기 때문이다. 이 두 경향의 입장 차이는 완전히 대비된다.

백번 양보해도 갑자기 메갈리아-워마드를 페미니스트라 추켜세운
것은 이해할 수 없다. 강단 페미니스트와 여성학자들은 메갈리아-워
마드가 인터넷상에서 벌여온 그간의 행위들을 정말 잘 알고 있을까?
확언컨대 이들은 제대로 모른다.

단적인 예가 여성학자 정희진이다. 정희진은 「메갈리아는 일베에
조직적으로 대응한 유일한 당사자」[7]라는 장문의 기고 글을 썼다. 그

런데 그 글의 본문에서 "나는 인터넷을 사용하지 않는다"고 하였다. 이는 명백한 모순이다. 인터넷을 사용하지 않는다는 정희진이 메갈리아가 일베에 조직적으로 대응한 유일한 당사자임을 어찌 알았다는 말인가?

정희진을 위시한 페미니스트 진영은 메갈리아-워마드에 대해 알고 모르고를 중요하지 않게 여겼을 것이다. 메갈리아-워마드가 한국 남성 비하와 혐오를 다반사로 펼치자 필시 무슨 곡절이 있었을 것으로 생각하며, 페미니스트식 용어로 '자매애는 강하다. 우리는 연결될수록 강하다'는 감정 이입이 이루어졌으리라.

메갈리아-워마드의 남성 혐오 언어가 극단적이라는 말이 여기저기서 들려와도 신경 쓰지 않았다. 이미 페미니스트 진영은 메갈리안을 불쏘시개로 삼고 지렛대로 쓰기로 작정했기 때문이다. 그전에는 지금처럼 페미니즘이 전성기를 맞았던 시절이 없었다. 더욱이 여성운동이 사이클을 끝낸 시점에 페미니즘을 되살릴 절호의 기회가 왔다.

시대착오적 판단

지금은 남녀 누구나 법 앞에 평등하고 동등한 권리, 동등한 기회를 누리는 시대다. 하지만 페미니스트들의 단골 주장은 "여자에게는 지옥 같은 세상이다"라는 것이다. 이것은 사실일까?

대한민국은 치안이 뛰어나 안전하기로 세계 최고 수준이다. 도시 게토 지역이 있는 것도 아니요, 한밤중 갱단이 총기를 소지하고 출몰하는 나라도 아니다. 새벽 1시, 2시에도 여성들이 슬리퍼를 신고 편

그 페미니즘은 틀렸다

의점에 맥주 사러 다니는 나라다. 세계 치안 순위에서 우리나라는 OECD 회원국 기준 각종 평가 1위다. 삶의 질, 생활비, 부동산 등의 순위를 매기는 해외 전문 사이트인 〈넘베오NUMBEO〉 발표에 따르면 한국은 2015년 세계 치안 순위 1위 국가다.

여성 대학 진학률은 OECD 회원국 중 최고다. 그 비율이 남성을 앞지른 지 오래다. 통계청의 「2014 한국의 사회 지표」를 보면 대학 진학률이 여학생 74.6%, 남학생 67.6%다. 특목고 재학생 중 60~80%가 여학생이다. 또한 외무고시, 사법고시, 의사고시, 행정고시 합격자도 여성이 앞질렀거나 남성과 거의 비슷한 수준이다. 초등학교 교원의 76.9%, 약사의 63.8%, 공무원의 43.9%가 여성이며, 이 비율은 증가 추세에 있다. 이 비율들을 보면 한국이 여성이 도저히 살아갈 수 없는 생지옥인지 의문스럽다.

그런데도 왜 강단 페미니스트들과 여성학자들은 이런 주장을 거두지 않는가? 그들이 처한 독특한 상황을 살펴볼 필요가 있다. 한국의 여성학은 1970년대 후반 대학 강좌로 개설되었다. 1970년대 초전 세계를 휩쓴 급진적 페미니즘이 여성학의 중심 사상이 되었다. 급진적 페미니즘은 양성 간의 권력 관계에 초점을 둔다. 그러므로 권력을 누가 많이 갖느냐가 가장 중요하다. 그런데 급진 페미니즘이 사회적 영향력과 설득력을 잃고 시들해지는 시점에 메갈리아-워마드의 준동이 나왔다. 페미니스트 진영은 이 기회를 놓치지 않았다. 권력은 이익과도 직결되기 때문이다.

새로운 페미니즘의 영예를 얻은 혐오

2016년 9월 22일에서 23일, 한국여성재단이 주최한 '2016년 여성회의: 새로운 물결 페미니즘 이어달리기' 행사가 열렸다. 1세대 페미니스트, 여성학자, 메갈리아 세대 등 약 160명이 모였다. 메갈리아 사태가 뜨거운 화제로 떠오른 시점이었다. 이 자리에서 메갈리아-워마드는 페미니즘의 새로운 물결이라는 정당성을 부여받았다.[8]

김현미 연세대 교수(문화인류학)는 이날 강의에서 메갈리아를 환영하며 발언을 이어갔다. "메갈리아로 대표되는 최근의 온라인 기반 페미니즘 운동이 한국의 그 어느 페미니즘 운동보다 더 자장을 확대했고 온라인과 오프라인을 빠르게 횡단하며 놀랄 만한 변화를 만들어냈다. 메갈리아 세대의 페미니즘은 페미니즘의 정동적 회로망을 구성했다는 점에서 큰 의의가 있다." 페미니스트 진영 수뇌부들이 모여 메갈리아를 새로운 페미니스트 집단으로 규정한 것이다.[9]

곧이어 김현미 교수는 격월간 문학 잡지 《릿터Littor》 2호(민음사)에 글을 실었다. "메갈리아는 일베에 맞서 싸울 수 있는 유일한 현존 페미니스트들이다"라고 했는데[10], 이는 정희진의 발언과 똑같다. 페미니스트 진영이 이렇듯 입을 모아 메갈리아가 페미니스트라니 도리없지 않은가. 하지만 나는 받아들일 수 없다. 메갈리아의 출현 과정을 소상히 알고 있는 나는 '메갈리아는 사회 병리 현상의 한 부분'이라 진단할 수밖에 없다.

수년간 현장에서 여성운동을 경험한 나의 의문점은 이것이다. '페미니스트로 자처하는 여성은 여성을 위해 행동하는가?' 또한, '페미니스트로 자처하는 남성들은 진정으로 여성을 위해 행동하는가?' 페미니스트 혹은 남자 페미니스트가 많아지면 문제가 사라지나? 내가 경험하기로는 페미니스트로 자처하는 여성이든, 남성이든 정말로 여성들의 정치적·사회적·경제적 권한 강화와 보통 여성들의 구체적인 삶을 개선하기 위해 실행에 옮기는 이들은 거의 없었다. 이들은 단지 '태도적으로'만 아니면 '허세형'으로 페미니스트일 뿐이다. 그리고 '직업 페미니스트' 부류들도 있다.

'태도적' 페미니스트 부류는 각종 매스컴에 등장해 이슈마다 평을 하는 식자층들이다. 주로 중년이며 눈 위에 보릿자루 미끄러지듯 유창한 언변을 자랑한다. 하지만 실제 내용은 추상적이고 별로 아는 것도 없다. '허세형 페미니스트'의 대다수는 남성인데, 최근에 등장한 남성 페미니스트들이 여기에 속한다. '직업 페미니스트'는 강단 페미니스트와 강단 밖 여성계 활동가를 망라한 페미니스트 군단이다.

보편적 인권 위에
서려는 페미니즘

남성 누드모델 사진 유포 사태

보편적 인권은 현대 사회 구성원 모두를 인정하고 포용하는 가치다. 하지만 급진적 페미니즘은 이러한 개념을 지향하지 않는다. 여성 우월, 남성 혐오, 남녀 분리로 나아간다.

급진적 페미니즘에서 파생된 '분리주의적 페미니즘separatist feminism' 특징을 뚜렷하게 보여주는 초유의 사건이 홍익대 회화과 18학번 누드 드로잉 수업 중에 일어났다. 수업 시간에 있던 누군가가 남성 누드모델 사진을 몰래 촬영하여 남성 혐오 사이트 '워마드'에 업로드하며 발생한 사건이다. 이때가 2018년 5월 1일 늦은 밤이었다. 경찰 조사로 밝혀진 바에 의하면, 사진을 유출한 피의자는 당시 누드 드로잉 모델로 함께 수업에 참여한 동료 여성 모델이었다. 워마드 회원이기도 했다.

남성 누드모델 사진은 얼굴과 하반신이 완전히 노출된 채 다음날

늦은 시간까지 워마드 사이트에 게시되어 갖은 조롱과 모욕을 당했는데, 소셜미디어를 통해 파장을 일으키자 사이트에서 삭제되었다. 하지만 사진은 이미 소셜미디어상에서 순식간에 퍼진 후였다.

워마드에서 언제라도 일어날 일이었다. 평소에도 워마드 사이트에는 상상을 초월하는 저급한 글이 올라오고 음란물, 심지어는 아동 음란물이 공유된다. 또한, 한국 남성 특히 남성의 페니스 사이즈에 집착하며 조롱하는 글이 하루에만 수십 개씩 업로드된다. 이들에게서 인터넷 익명 뒤에 숨은 이중성과 변태적 취향이 만연해 있음을 알 수 있다. 이들을 몇 해 동안 지속적으로 관찰해보면 회원들 중 중·고교 여학생과 명문대에 다니는 이들이 상당수에 이르는 것으로 추정된다. 남성 혐오를 놀이로 즐기는 미성숙한 인성과 뒤틀린 영혼에 턱없이 높은 자만심이 뒤엉켜 자기 정의에 빠져 있는 나르시시즘 현상이 번진 것이다.

페미니스트계는 어리석게도 이들을 페미니즘의 새로운 물결이라 치켜세웠다. 페미니즘 운동을 확대하기 위해 이들을 이용하는 강단 페미니스트, 직업 페미니스트 부류들의 이중적이고 위선적인 행태로 말미암아 분리주의적 페미니즘 색채가 더욱 짙어지고 있다. 페미니즘은 사회운동으로서 이념이며 정치적 실천운동이다. 도대체 어떤 사회운동이 이렇듯 극단적인 남성 혐오로 무장했던가? 피해자인 남성 모델을 향한 끝없는 모욕과 명예 훼손, 인권 모독이 페미니스트들이 말끝마다 그토록 강조하는 젠더 감수성인가. 여성이 남성을 혐오하면 성차별과 무관하고 남성이 여성을 혐오하면 성차별이 성립되는 것인가.

그런 와중에 워마드 사이트에는 삭제된 남성 누드모델 사진 대신 회원들이 그림을 그려 경쟁이라도 하듯 업로드하며 성희롱을 한껏 즐겼다. 그들이 늘 항의해온 2차 가해를 피해자 남성 모델에게 거리낌 없이 가했던 것이다.

누드 드로잉은 인체의 구조를 이해하는 회화의 기초다. 학생들의 회화 수업을 위한 필수 교육이며 남성 모델에게는 엄연한 직업이다.

만약 피해자 성별이 바뀌어 남성 누드모델이 아니라 여성 누드모델 사진을 남성이 찍어 유포했다면 페미니스트 진영과 여성단체들의 반응이 어떠했을지는 설명이 필요 없다. 하지만 페미니스트 진영은 참으로 조용히 입을 다물었다. 그 많은 원로 페미니스트, 시니어 페미니스트들도 마찬가지다. 그러다 몇몇 견해가 나왔다. 그녀들의 전매특허인 "여성은 사회적 약자이며 피해자이고 남성은 지배자였던 수천 년 역사 중 이게 뭐 대수라고?"라는 속내를 드러낸 것이다.

피해자에 대한 무자비한 인권 침해

이것으로도 부족해서 페미니스트들은 홍익대 남성 모델 촬영 및 유포 사건의 피의자 구속이 편파 수사라며 적반하장격 대규모 시위를 벌였다. 5월 19일 서울 혜화역에서 벌어진 '불법 촬영 편파 수사 규탄 시위'에 워마드 회원을 비롯한 페미니스트들이 대거 모였다. 그들이 규탄한 것은 "범인이 여자라서 빨리 잡았다"이다.

혜화역 시위에 많은 여성이 모였고 이후로도 몇 차례 시위가 더 이어졌다. 4만 명이 넘는 회원을 가진 워마드 사이트를 통해 총동원령이 내려졌고 여기에 군소정당 소속 페미니스트 단체, 기타 페미니스트 단체, 대학가 페미니스트 동아리 회원들이 결집하였다. 참여한 사람들은 마스크에 선글라스를 착용하여 얼굴을 가렸다. 당당한 시위라면 왜 떳떳하게 얼굴을 드러내지 못하는가. 이들의 시위 형태를 보면 정치적 조직 양상에 가깝다. 사방에 흩어져 있는 일반인 여성 페미니스트들이 이런 대규모 시위를 조직하기는 불가능하다. 관련된 여성단체 페미니스트들의 도움을 받았으리라 추측할 수밖에 없다.

혜화역 시위 현장에 등장한 피켓이나 구호는 2차 가해의 연발이었다. 피해자인 남성 모델을 그림으로 그려서 또다시 조롱했으며 남성 성기를 매개로 한 다양한 디자인의 유인물은 남성 모델에 대한 명예와 인권을 짓밟는 잔인하기 이를 데 없는 행태였다.

선동되어 나온 일부 젊은 여성들은 남성을 대상으로 일상의 분풀이를 쏟아내는 듯했다. 스트레스 해소와 기분 전환용으로 참가한 여자 청소년들도 있었다. 혜화역 시위에 참가한 후 소셜미디어에 후기를 올린 여학생들이 상당수 있었다. 급진적 페미니즘에 경도되어 판단력과 이성을 상실하고 극단적인 남성 혐오로 무장한 여성들의 적극적인 시위 주도 아래 말이다. 이렇게 대규모 시위에서 동질감과 감정 이입이 되면 신념화로 이어질 가능성이 크다.

이들의 시위는 이 사건을 정치적으로 활용하려는 페미니스트 세력과 가해자 집단이자 사건을 희석해 본질을 호도하려는 워마드의 전략에 따른 것이었다. 6·13 전국동시지방선거를 앞두고 여성들이 대거 결집하여 세를 과시하면 정치적·사회적으로 무시하지 못하리라는 계산하에 벌어진 시위였다. 이들은 이미 크게 한몫 챙긴 사건을 경험한 바 있다. 2016년 5월 22일 발생한 강남역 여성 살인사건이다.

서울 혜화역 '불법 촬영 편파 수사 규탄 시위' 참가자들의 주장을 당일 주최 측이 발표한 성명서를 통해 살펴보자.

"홍대 누드 크로키 모델 사건에 대한 경찰 수사는 여자가 피해자인 불법 촬영 사건과 다르게 일사천리 진행됐다. 경찰은 여자가 피해자였던 불법 촬영 사건들에 대해서는 수사에 미온적인 반응을 보여왔다. 불법 촬영 피해자가 남성이란 이유로, 가해자가 여성이란 이유로 사건을 둘러싼 모든 것은 기존에 여성이 피해자인 경우와는 너무도 다른 양상을 보였다."

요약하면 피해자인 홍대 남성 모델은 남성이기 때문에 일사천리로 사건 해결을 했고, 피해자가 여성이면 수사를 태만하게 해서 여성들이 차별받는다는 주장이다.

대규모 참가자들이 모여 억지 주장으로 실력행사를 하면 본질이 희석되고 도리어 사건이 뒤바뀔 우려가 크다. 바로 그 점을 노린 것이다. 우리는 높은 수준의 민주 사회에서 산다. 경찰은 법적인 기준에 따라 범죄자를 수사하고 체포하는 기관이다. 범죄를 예방하고 범죄자를 체포하는 일 외에 국가 안전 유지 임무, 지역의 질서 유지 임무는 경찰의 중요한 업무다. 그런데 피해자가 여성일 때는 임무를 등한시 하고 피해자가 남성이면 득달같이 해결한다는 주장이 말이 되는가? 이들의 막무가내 시위는 '떼법' 현장이었다.

　　　　　　　　　　　　　　　　　　그 페미니즘은 틀렸다

사실 왜곡과 억지 주장

이들의 주장에 대해 경찰과 검찰이 밝힌 '팩트'를 보면 진상이 명확히 드러난다. 먼저 경찰이 여성이 가해자이고 남성이 피해자인 사건을 이례적으로 빨리 수사하여 피의자를 검거한 것은 아니다. 사건이 벌어진 것은 5월 1일, 피의자 검거는 5월 10일이다. 검거에 10일이 걸렸다. 그런데 대검찰청의 2016년 범죄 분석을 보면, 비슷한 몰카 범죄의 40%에서 피의자를 1일 이내에 검거했다. 10일 이내에는 50%를 검거했다. 홍대 몰카 사건이 평균보다 빠르다고 할 수 없다. 더욱이 이 사건은 20명 남짓이 모인 폐쇄된 강의실에서 벌어졌다. 그런데도 대학 당국의 비협조와 경찰의 미진한 초기 대응 탓에 가해자를 특정하는 데 일주일 남짓 시간이 걸렸다. 그사이에 범인은 주요 증거물을 인멸하는 시간을 벌기도 했다.

또한, 이들의 주장이 억지임이 이미 밝혀진 바 있다. 서울시가 여성안심보안관을 구성하여 불법 촬영 카메라를 조사하였던 결과가 있다. 서울시는 2016년 8월부터 2017년 8월까지 여성안심보안관을 동원하여 공공화장실, 탈의실 등 총 6만 500여 곳을 샅샅이 그야말로 이 잡듯 뒤졌다. 발견된 몰래카메라는 0개였다. 여성안심보안관은 20~60대 여성 50명으로 구성되었다. 취업 준비생과 경력 단절 여성 등이 서울시 생활임금(시급 8,200원)을 받고 하루 6시간 근무했다. 페미니스트들의 주장대로라면 온 대한민국 천지에 몰래카메라가 설치되어 있어야 한다. 그런데 서울시에서 여성들을 고용해서 그토록 열심히 뒤졌건만 왜 하나도 나오지 않았을까.

혜화역 시위를 앞둔 5월 14일 더불어민주당 공보국이 발표한 내용은 기름을 부은 꼴이었다. 더불어민주당 최고위원회의에서 양향자 최고위원은 이렇게 말했다.

"홍대 누드 크로키 모델 사건의 피해자가 남성이었기 때문에 수사가 빠르게 진행되었다고 보는 견해가 많은 것은 사실이다. 대부분의 성범죄가 남성 가해자, 여성 피해자임을 감안한다면, 다른 사건에 비해 이 사건이 특별하게 다루어졌다는 것은 부인할 수 없다." 여당 최고위원회의에서 홍대 남성 모델 사건을 이렇게 규정했으니 19일 혜화역 대규모 시위는 이미 예고된 바 다름없었다.

그런데 경찰은 정부·여당의 영향력하에 있는 공무원 조직이 아닌가? 여당 관계자가 정부 공무원의 정당한 업무를 비판하는 것은 앞뒤가 안 맞는다. 피해자가 남성이면 수사를 빨리 진행하여 해결하고 여성 피해자에 대해서는 태만히 수사했다면 경찰이 임무를 제대로 하지 않았다는 말이 된다. 여당이 나서서 법치 제도의 근간과 법 집행 문제의 정의를 흔들어버리는 꼴이다.

팩트를 들여다보면 더 한심하다. 대검찰청 2016년 범죄 분석에 따르면, 몰카 범죄 피의자의 검거율은 94.6%다. 형사사건 전체의 검거율 84.2%보다 훨씬 높다. 기소율도 일반 사건보다 높으며, 구속 수사의 경우 남성 피의자가 여성 피의자보다 3배나 더 많았다. 이 수치들은 남성이 가해자인 몰카 범죄에 대해 경찰과 검찰이 철저히 수사하며 엄중하게 처벌함을 보여준다.

하지만 워마드를 위시한 페미니스트들에게 합리적이고 이성적이며 민주적인 책임감을 바라는 것은 허망한 일인가? 사회를 황폐화하는 위마드식 페미니즘은 상상을 초월하는 엽기적 방식으로 변질되었다. 남성 혐오가 끝을 보이지 않는다. 급기야 이들은 홍익대 회화과 누드 크로키 남성 모델 사진에 문재인 대통령 얼굴을 합성시켜 또다시 조롱을 이어갔다. 5월 23일 늦은 오후, 한 위마드 회원이 이 사진을 사이트에 올렸다. 이들에겐 대통령이든 누구든 남성은 전부 혐오와 조롱 대상에 불과하다. 페미니스트 대통령이라고 내세웠던 문재인 대통령도 피해갈 수 없었다. 또한, 위마드 회원들은 피해자인 홍익대 남성 모델의 나체 사진을 개인적으로 저장해두었다가 기회만 되면 또 다른 조롱감으로 활용하고 있다. 이는 피해자인 남성 모델을 향한 악랄한 폭력을 반복적으로 자행하는 것이다.

워마드의 전신 메갈리아 사이트가 개설되는 과정부터 지속적으로 모니터링해온 나는 가장 먼저 이들의 행태를 사회 병리 현상이라 진단했다. 메갈리아 사이트가 남성 혐오 놀이를 일삼으며 인터넷에 서식하는 엽기 사이트로 시작해, 차츰 심각한 사회 병리 현상으로 변하는 현상에 주목했다. 그러나 페미니스트계의 강력한 지지와 문화 권력을 가진 매스컴 식자층, 좌파 언론의 엄호를 받으며 워마드식 페미니즘은 대학가는 물론 중·고등학교에 이르기까지 마치 세균처럼 널리 퍼져 증식하는 중이다.

여성을 하향 평준화시키는 혐오 언행

급진 페미니즘 현상이 일으키는 치명적인 문제가 하나 있다. 메갈리아-워마드식 페미니즘의 극단적 남성 혐오와 이를 드러내는 저급한 용어, 변태 성욕 취향적 표현과 행동방식이 이에 심취한 이들을 모두 하향 평준화시키는 것이다. 성인 여성, 여대생, 중·고교생 가릴 것 없이 일괄 하향 평준화가 이루어진다. 이들이 평소 사용하는 워마드식 언어, 남성 혐오 표현 용어는 사회를 바라보는 사고방식의 공유로 이어진다. 예컨대 명문대 여대생도 한국 남성을 '한남충'이라 하고 중·고교 여학생도 '한남충'이라 부른다. 이런 식으로 동질화가 이루어진다. 오염된 언어가 학생은 물론 젊은 층 여성들의 트렌드가 됐다.

그런데 언어 습관은 행동양식을 나타내고 사고를 지배하게 된다. '말'은 정신 상태를 나타내기 때문에 중요하다. 이런 양태는 하나의 문화를 형성한다. 문화가 한번 몸에 배면 벗어나기가 상당히 어려워진다. 변질된 페미니즘 문화와 워마드식 '말'을 받아들인 청소년들을 우려하는 이유도 바로 여기에 있다.

페미니즘은 '여성의 희생자화'라는 단순한 논리 아래 여성은 항상 남성의 희생자라는 프레임을 교리로 만들었다. 직업 페미니스트든, 강단 페미니스트든, 일반 페미니스트든 '여성의 희생자 자처하기' '여성의 희생자 만들기'는 급진적 페미니즘의 핵심이다. 따라서 여성 희생자화에는 반드시 '적'이 필요하다. 바로 남성을 적으로 만드는 것이다. 그것도 모든 남성을 '적'으로! 설령 남성이 "나는 페미니스트"라고 선언했을지라도 예외가 없다. 남성 페미니스트들은 이 점을 착각하거나 간과하지 말아야 한다.

나는 메갈리아-워마드를 페미니즘으로 인정하기까지 많은 고민을 거쳤다. 여전히 메갈리아-워마드를 급진적 페미니즘 분파의 하나로 부르기에 주저하는 게 솔직한 마음이다. 나는 역사를 거슬러 프랑스혁명 시대의 여성인권운동으로부터 시작된 페미니즘 운동이 성취한 성과를 당연히 인정한다. 그러나 1970년대 초부터 페미니즘 운동은 퇴행의 길을 걷기 시작했다. 퇴행하던 페미니즘이 대한민국에 상륙하자 더욱 퇴행적으로 변질됐다. 젊은 층은 이를 페미니즘이라고 받아들였다. 페미니스트가 되든, 페미니즘을 비판하든 급진적 페미니즘의 특질을 가장 첨예화시킨 것이 메갈리아-워마드식 페미니즘임을 부인하기 어렵게 됐다.

모든 일에는 대가가 따르는 법이다. 극단적인 급진 페미니즘은 합리적인 상식과 이성을 잠재우고 사회를 황폐화하는 길로 나아가게 될 것이다. 정치권과 언론계, 다양한 사회운동 분야에 몸을 담고 있는 이들이 더욱 정확한 이해와 경각심을 가지기를 바란다. 어떤 양상의 사회운동이든 퇴행은 몰락의 길이다. 또한, 페미니즘이 가져온 사회의 황폐화는 현재와 미래 사회 구성원들에게 해로운 결과를 낳게 된다는 점을 명확히 인식해야 한다.

현재 우리 사회를 휩쓰는 페미니즘은 앞서 말했듯 '분리주의적 페미니즘'임이 명확해지고 있다. 또한, 페미니즘과 동성애 운동을 내세운 '정체성 정치Identity Politics'가 급속히 진보정치 속으로 돌진해 들어가 자리 잡고 있다. 정체성 정치의 만연은 보편적 인권과 광범위한 시민의 공통적인 비전을 밀어내버린다는 점에서 우려할 수밖에 없다.

페미니즘의 역사

페미니즘의 시작

한국에 등장한 페미니즘의 서사를 이해하기 위해서 페미니즘의 역사를 간략히 살펴보자.

페미니즘은 '여성주의feminism'다. 어원은 '여성다움feminine'에서 나왔다. 페미니즘이란 용어를 누가 최초로 사용했는가에 대해서는 정확하게 밝혀진 바 없다. 사회주의 사상의 원조로 알려진 프랑스의 샤를 푸리에가 "여성의 권리 신장이 사회를 발전시킨다"고 주장하며 페미니즘을 말했다고 알려졌지만 불확실하다. 페미니즘이란 용어가 1890년대 들어 영미권에서 사용되기 시작했다는 것이 페미니즘 역사가들의 공통된 의견이다.

페미니스트란 용어는 1890년대부터 쓰였는데, 『자유론』의 저자 존 스튜어트 밀은 만년에 이른 1869년 혁명적 여성관을 담은 『여성의 종속On the Subjection of Women』을 출판하며 혁명적 남성 페미니스

그 페미니즘은 틀렸다

트란 칭호를 얻었다.

이에 앞선 인물이 페미니즘의 선구자이며 페미니스트 직계 조상이라 일컬어지는 메리 울스턴크래프트(1759~1797)다. 울스턴크래프트는 1792년 출판한 『여성의 권리 옹호Vindication of the Rights of Women』에서 여성은 남성과 동등한 교육을 받아야 하며, 여성들이 육체적으로, 시민으로서, 도덕적으로 자유로울 수 있어야 한다고 주장함으로써 혁명적 페미니스트의 효시가 되었다. 울스턴크래프트는 출산 도중 사망하여 짧은 생애를 마쳤다.

페미니즘 제1물결~제3물결

페미니즘의 목적은 '여성의 지위와 권한 강화'이며 이데올로기이자 정치적 실천운동이다. 페미니즘 운동의 형태는 물결waves이란 관점을 사용한다. '제1물결First-wave'은 제1차 세계대전까지 이르는 시기의 페미니스트 운동을 말한다. 이때 산업혁명과 프랑스혁명을 거치며 여성들의 법적 권리, 참정권, 교육 권리 획득을 위한 투쟁을 펼치고 쟁취했다.

'제2물결'은 1960년대 들어 시작되었다. 이때는 급격한 경제 성장과 더불어 사회적으로 다양한 문제가 분출하며 사회적 저항운동이 꿈틀거리는 시기였다. 시몬 드 보부아르의 『제2의 성』은 여성학의 모태가 되었고 페미니즘의 대모라 불리는 베티 프리단의 영향력이 커졌다. 그리고 여성해방 담론을 내세운 여성단체들이 생겨나기 시작하며 페미니즘 운동은 큰 변화의 시기를 맞았다.

페미니스트란 명칭이 대중적으로 알려지고 일반적으로 사용되기 시작한 것은 1970년대 초다. 이때부터 급진적 페미니즘이 전 세계로 영향력을 끼치기 시작했다. 남성 권력에 대한 도전, 가부장제 사회구조에 대한 문제를 전면에 내세운 급진 페미니즘은 '여성은 남성과 동등할 뿐 아니라 남성보다 더 우월하다' '자매애는 강하다' '개인적인 것이 정치적인 것이다' 등의 슬로건을 앞세웠다. 이것들은 현대 페미니스트들이 여전히 중심으로 삼고 있는 표어들이다.

현재 세계에서 가장 높은 수준의 성평등을 이룬 국가로 평가받는 노르웨이도 1970년대 급진적 페미니즘의 영향을 받았다. 이때 신진 페미니스트들이 등장하였다. 대표 인물이 니나 카린 몬센이다. 그는 "어떤 정치경제 유형이 인간 존재의 분석을 위한 기반으로 취해진다 하더라도 남성은 혐오스럽다"[11]며 남성 혐오를 드러냈다.

그런데 급진적 페미니즘은 서구의 중간계급 백인 여성들이 중심이었고 자신들의 경험을 일반화했다는 한계를 안고 있었다. 인종, 민족적 특성, 문화적 차이, 소수민족들의 삶은 간과되었다는 점은 페미니즘이 가진 본질적인 딜레마였다.

'제3물결'은 1980년대 말, 제2물결의 한계에서 발전하였다. 페미니즘 역사가들은 제3물결이 제2물결의 연장선상에 있다는 것과 경계가 모호하다는 점을 들어 대부분 제2물결까지만 분류하기도 한다.

제3물결은 포스트 페미니즘 조류다. 포스트모던 페미니즘, 다문화주의 페미니즘, 사회구성 페미니즘 등을 다룬다. 페미니스트가 백인 여성운동으로부터 출발했다는 비판에 따라 아프리카계 여성들은 우

40 그 페미니즘은 틀렸다

머니스트womanist 접근을 시도하였다.

『여성, 권력과 정치』의 저자 앤 스티븐스는 이 책에서 이렇게 말했다. "페미니스트라는 용어는 중부 유럽과 동부 유럽뿐 아니라 프랑스를 포함한 일부 국가에서도 거부되었다. 이들 국가는 페미니스트라는 용어가 이질적이고 '미국적American'이며, 양성 사이의 자연스럽고 조화로운 관계에 반하는 용어라는 근거로 이를 거부하였다."[12] 앤 스티븐스의 지적대로 페미니스트라는 용어는 미국 백인 여성이 중심이 된 사상으로, 남녀 이분법적인 젠더 구분에 근거를 두고 있다.

페미니즘의 다양한 유형

페미니즘 이론은 여러 유형으로 나뉜다. 자유주의 페미니즘, 마르크스주의 페미니즘, 사회주의 페미니즘, 급진적 페미니즘, 정신분석학 페미니즘, 관점 페미니즘, 다문화주의 페미니즘, 남성 페미니즘, 사회구성 페미니즘, 포스트모던 페미니즘, 퀴어 이론 등이 있다.

급진 페미니즘의 지류에서 파생된 레즈비언 페미니즘, 에코 페미니즘, 트랜스 페미니즘, 아나키즘 사상의 영향을 받은 아나르코 페미니즘 등 급진적 페미니즘은 다양한 분파를 만들었다. 페미니즘의 유형은 이처럼 여러 갈래로 나뉘었고, 앞으로도 새로운 유형이 나올 수 있을 것이다.

페미니즘 조류 중 제1물결에 해당하는 시기는 자유주의 사상의 영향을 받아 자유주의 페미니즘이 꽃피웠다. 평등권, 참정권 캠페인 전개로 여성의 획기적인 권리 진전이 이루어졌다. 자유주의 페미니즘의 딜레마는 백인 중산층이 중심이 된 부르주아적 페미니즘이라는 점이다. 여기서 하나 주목할 부분은 제1물결 운동은 페미니즘이라는 이름 아래, 페미니스트라는 범주에 반드시 속하지는 않는다는 것이다.

당시 상당수 여성운동가들은 페미니스트라고 불리는 것을 거부했다. 대표 인물이 1947년에서 1948년 사이 서독 의회 사회당 여성 대표였던 젤버트다. 그는 "나는 페미니스트였던 적이 없고, 앞으로도 페미니스트가 되지 않을 것이다"[13]고 했다.

페미니스트라는 단어는 급진적 페미니즘이 전 세계를 휩쓸던 1970년대에 알려지기 시작했고 오늘날 페미니스트라고 함은 급진적 페미니스트를 칭하는 용어다. 급진적 페미니즘의 핵심은 남성 권력의 가부장제 사회구조와 여성도 하나의 계급이라는 관점이다.

앞에서 말한 페미니즘의 다양한 유형들은 그것이 자유주의 페미니즘이든 급진적 페미니즘이든 본질적으로 똑같은 모순을 지니고 있다. 서구의 교육받은 중산층 백인 여성들로부터 시작되었다는 것이다. 여기에는 여성들의 다양한 입장, 다양한 삶의 형태는 빠져 있다. 서구 사회의 빈곤층 흑인 여성, 이민자 유색인종 여성의 입장은 다루지 않는다. 또한, 여성이 여성을 착취하는 문제는 중대한 모순이다. 여성이 여성을 착취하고 차별하는 관행의 절반은 바로 여성 아닌가?

페미니즘의 주요 개념

페미니즘 이론에 대해 좀 더 깊이 들어가 보자. 국내 페미니즘에 가장 큰 영향력을 끼친 자유주의 페미니즘과 급진적 페미니즘의 특징은 다음과 같다.

○ 자유주의 페미니즘: 백인 여성 중간계급 중심의 평등권운동이다. 스칸디나비아 국가, 유럽, 북미 국가들의 중·상류층에 집중된 젠더 평등 개념이다. 기존의 젠더 관계에 반발하지 않는다.

○ 급진적 페미니즘: 자유주의 페미니즘과 마르크스주의 페미니즘에 반발하며 가부장제 사회구조, 즉 남성 지배 사회와 가부장제 억압에 가장 주목하며 도전한다. 특히 가부장제를 남성이 폭력과 성 착취로 여성을 종속시키는 제도로 규정한다. 급진적 페미니즘은 레즈비언의 이해나 지지와 밀접한 관계가 있다.

페미니즘 이론의 이해를 위해 기초적인 개념인 젠더, 성, 섹슈얼리티에 대해서도 살펴보자.

○ 젠더gender: 사회적 성으로서의 정의. 부모와 직장인으로서 역할, 여성과 남성 간의 관계에서 작용하는 사회적 지위와 개인의 정체성. 여성woman, 남성man은 젠더를 언급할 때 사용된다.

○ 성sex: 생물학적으로 주어진 성. 남자male, 여자female, 간성intersex을 언급할 때 사용된다. 간성은 음경도 아닌 질도 아닌 애매한 성기를 갖고 태어난 이를 말한다.

○ 섹슈얼리티sexuality: 다양한 친밀 관계에서 일어나는 강한 욕구, 정
서적 개입과 환상. 동성애, 이성애, 양성애는 섹슈얼리티를 언급할
때 사용된다.

이 개념에 대한 캐롤린 라마자노글루의 문제의식은 매우 유용하
다. "젠더와 성, 생물학적인 것과 사회적인 것이 확실히 구분될 수 있
는가에 대해 많은 논쟁이 있다. 생물, 사회가 본질적으로 어떤 관계
를 갖는지의 문제가 여전히 논쟁적이다. 여성과 남성의 어떤 측면이
생물학적이고 어떤 측면이 사회적인 범주인가의 문제다. 생물학적 성
은 모든 여성이 공통적으로 가지고 있지만, 여성들이 남성에게 억압
당하는 것은 사회적 성 때문이다"[14]라고 쟁점을 제기한 바 있다.

현대 한국의 페미니즘은 어디에 있는가?

페미니즘의 간략한 역사와 페미니즘의 여러 유형과 페미니즘 이론의
기초 개념을 정리해보았다. 그렇다면 현재 한국 사회에서 일어나고
있는 페미니즘은 무엇인지에 대해 고찰해볼 필요가 있다.

한국에는 여성학이라는 학문적 울타리를 갖춘 강단 페미니스트
가 존재한다. 대학가에서는 여학생들을 중심으로 페미니즘 열풍이
불고 있으며 100여 개의 페미니즘 동아리가 활동 중이다. 여성단체
의 페미니스트 활동가들도 많다. 좌파 언론들은 일방적인 논조로 페
미니즘을 옹호하고 있다. 남성 페미니스트의 증가 현상도 눈여겨볼
만하다. 왜 지금, 한국에서 페미니즘 바람이 불고 있는가? 그 어느 때

보다 성평등 의식이 발전한 속에서 성장한 세대가 페미니즘을 외치는 이유는 무엇인가? 그들이 말하는 페미니즘의 실체는 무엇인가? 한국 남성 혐오가 일상화된 급진 페미니스트의 증가는 어디에서 시작되었나?

200년의 서구 페미니즘 역사 속 여성해방 담론은 이미 수년 전부터 사라지는 분위기다. 양성평등 협력 관계에 기초를 둔 조류로 변모하고 있다. 그런데 한국은 서구와 달리 1970년대 급진 페미니즘 담론인 가부장제 타파와 여성해방론이 재등장해 맹위를 떨치고 있다.

나는 진보로 분류되는 정당의 여성분과위에서 수년간 활동했고, 이른바 메이저 여성단체들과 노동계급 여성단체와의 교류에도 참여했다. 다양한 성향을 지닌 여성단체 간의 연합행사, 토론회, 여성 정책 관련 연구모임 등에 관여하는 가운데, 도대체 우리 사회에서 페미니즘은 어디서 어떻게 전파됐고 어떤 의미를 지니며 어디로 향하고 있는가에 대한 근본적인 의문 앞에서 고민했다.

한국에서 페미니즘 담론은 더는 만들어지지도 않고 깊이 있는 문제의식을 지닌 여성 활동가도 드물다. 주요 여성단체들은 상층부 여성들이 정치권 혹은 다른 부문의 주류로 이동하는 발판으로 활용되는 양상이다. 나는 국내 페미니즘에 관해 감히 혹평을 내릴 수밖에 없다. 페미니즘 운동이 활발했던 1990년대에 여전히 머무른 채로, 변하는 시대적 흐름과 새로운 세대 출현을 간과하고 과거의 모호한 여성해방 개념, 가부장제 타파라는 관성에 젖어 있다고 말이다. 이처럼 페미니즘이 좌표를 잃어버린 상태에서 '메갈리아 사태'를 만난 것이다.

페미니즘 전성시대의
페미니스트 강요

어떤 페미니즘인가?

앞에서 말했듯 페미니즘의 조류에 따라 지향점이 서로 다른 여러 유형의 페미니즘이 존재한다. 그러므로 "나는 페미니스트다. 페미니즘이 필요하다"고 말하는 사람이라면 자신이 어떤 페미니즘 사상을 지향하는지에 대한 분명한 입장을 취해야 한다. 무작정 "페미니스트가 되어야 한다"거나, "페미니즘을 공부하라"고 주장하기 이전에 다양한 페미니즘의 유형 중 자신이 어떤 페미니즘 이데올로기를 선호하는지 먼저 밝히는 것이 순서이며 그것이 설득력 있다.

서구 페미니즘 저술가들은 자신의 정체성이 자유주의 페미니즘인지, 마르크스주의 페미니즘인지를 분명히 한다. 혹은 시간이 지남에 따라 생각이 바뀌어 "자유주의 페미니즘에서 사회주의 페미니즘을 거쳐 현재는 급진적 페미니즘을 지지한다"는 식으로 입장을 명확히 전달하면서 독자를 대한다. 페미니즘은 사회운동이기 때문에 시대적

그 페미니즘은 틀렸다

상황 변화에 따른 시각의 변화는 자연스럽다. 사회운동 속에서 발생한 페미니즘에 대해 입장이 늘 고정되어 있다는 것은 그만큼 고루하다는 의미다.

따라서 우리 모두 페미니스트가 되어야 한다고 강조하려면 어떤 유형의 페미니즘 이데올로기를 말하는지 정체성부터 설명하는 게 타당하다.

마르크스주의 페미니즘과 사회주의 페미니즘은 자유주의 페미니즘을 비판하는 입장에서 시작되었으며, 급진적 페미니즘은 자유주의 페미니즘과 마르크스주의 페미니즘 모두를 비판한다. 급진적 페미니즘에는 다양한 분파가 존재한다. 예컨대 레즈비언 페미니즘은 성차별주의와 이성애주의에 도전하며 동성애를 법적으로 인정받기 위해 정치적으로 활동한다. 급진적 페미니즘의 또 다른 분파인 에코 페미니즘은 여성이 주체가 되어 생태와 환경문제에 주력하며 성평등을 추구한다. 페미니즘 노선에 따라 강조점이 다르기 때문에 무조건 페미니즘을 받아들이라는 요구는 문제가 많다.

강남역 여성 살인사건

국내 페미니즘 전성시대를 연 중대한 모멘텀이 '강남역 여성 살인사건'이다. 2016년 5월 22일에 벌어진 안타까운 일이었다. 범인은 조현병 환자였다. 이른바 정신분열증으로 이미 4차례 입원한 전력이 있었다. 경찰은 조현병에 의한 일종의 '묻지 마 범죄'에 해당한다고 결론을 내렸다. 하지만 수많은 사람이 이 사건에 다른 의미를 부여했다.

강남역 10번 출구는 추모 포스트잇 행렬을 이루었고 추모 집회가 열리며 젊은 여성이 대거 페미니스트 대열에 합류하게 되었다. 강남역 살인사건 이후 여성은 사회적 약자이자 잠재적 피해자이며 남성은 잠재적 가해자라는 구도가 형성되었고 남녀 성 갈등 양상은 심각하게 전개되어 현재에까지 성 분열이 이어지고 있다.

소셜미디어에서는 남성들이 직접 나서서 '남성 모두는 잠재적 가해자'라는 인증샷 행렬에 동참하는 일이 유행을 이루었다. 강남역 사건을 조현병에 의한 범죄로 인식하는 쪽과 전형적인 여성 혐오 사건으로 대하는 쪽의 극명한 입장 차는 여전히 좁혀지지 않고 있다.

이 시기부터 국내 페미니스트 진영의 페미니즘 관련 서적이 호황을 이루었고 강단 페미니스트와 여성단체 페미니스트의 활약이 커지며 페미니즘 전성시대를 열었다. 좌파 언론들은 페미니즘 이슈 파이팅에 가세하며 페미니즘 옹호 논조의 기사와 칼럼을 지속해서 게재했다. TV 방송국들도 페미니즘 관련 프로그램을 여럿 만들어 페미니스트들의 출연이 잦아졌다. 하지만 페미니즘 현상에 대한 비판적 시각의 반영은 거의 찾아볼 수 없었다.

초등학교로 간 페미니즘

페미니즘 열풍은 학교 페미니즘 교육으로 퍼져나가 초등학교 교사 페미니즘 동호회가 결성되었을 정도다. 서울의 한 초등학교 교사는 학교에서 페미니즘 교육을 했고 매체와 인터뷰 때 하였던 발언은 큰 논쟁으로 번졌다. "왜 여자아이들은 운동장을 갖지 못하지? 남자아

이들이 전유해야 하지?"[15]

이에 대해 학부모들은 거세게 항의했다. 그런데 이 교사가 평소 소셜미디어에 쓴 메갈리아식 한국 남성 혐오에 동조하는 발언과 교무실의 업무용 책상 칸막이에 부착한 포스터 내용은 더 큰 논란을 일으켰다. "남자는 다 짐승? 그렇다면 남성에게 필요한 것은 여성의 몸이 아닌 목줄입니다"라는 자극적 문구가 쓰여 있었다.

이 교사에 대한 논란은 정치권과 페미니스트 진영으로 번졌다. "우리에겐 페미니스트 선생이 필요하다"는 글과 사진을 소셜미디어에 게재하는 이들이 늘었다. 더불어민주당 소속 국회의원, 전교조, 시민단체가 모여 기자회견을 열고 해당 교사를 옹호하기도 했다. 이들은 "성평등 교육을 고민하고 연구한 교사들의 수업권을 보장하고, 페미니스트 선생들이 더 많아질 수 있도록 교사의 학습권을 보장해야 한다"[16]고 주장했다.

해당 교사의 발언 즉, 학교 운동장을 남자아이들이 전용하고 있다는 시각은 매우 편향되었다. 운동장은 남자아이들만 사용하는 곳이 아니다. 또한, 요즘 아동들의 교육 환경도 고려해야 했다. 운동장에 나가 뛰어놀 시간이 부족한 점, 학생 수 감소, 여자아이들이 운동장에 나가 놀지 않는 이유 등에 대해 다층적으로 접근해서 판단하는 게 바람직했다. 운동장을 남자아이들의 전유라고 규정한 것은 해당 교사의 페미니즘 이데올로기로 진단한 맹아적 시각이다.

페미니즘에는 많은 분파가 존재하고 각각의 실천 방식이 다르다. 무엇보다 페미니즘은 이데올로기다. 분파에 따라 이데올로기가 다르며 정치적 방향성도 다르다. 그런데도 초등학교부터 페미니즘 교육의 필요성을 역설하는 것은 섣부르다. 아동 시기 판단력의 미숙함을 고려한다면 이는 페미니스트들의 과잉 욕구의 발로다.

페미니즘은 역사 발전이 진행되는 과정에서 생겨난 사회운동이다. 사회운동은 성인이 된 후 가치관과 정체성이 무르익은 후 본인이 선택해야 한다. 초등학교부터 여성주의를 가르치는 페미니즘 교육 주장은 강요이자 그 자체로 또 다른 억압의 형태다.

더구나 페미니스트 거의 대다수가 급진적 페미니즘의 영향으로 여성 우월주의를 내세우며 성 억압, 성 착취 등 성 문제에 초점을 맞추고 있는데, 이것은 합리적인 페미니즘과는 거리가 멀다.

한국 페미니즘의 발전 과정

한국의 페미니즘은 서구와 달리 그 역사가 짧다. 서구 여성들은 격렬한 투쟁의 결과로 여성 참정권을 획득했다. 한국은 이와 다르게 1948년 제정된 제헌헌법의 민주적인 법체계 수립과 동시에 자연스럽게 여성 참정권을 얻었다.

페미니즘 담론은 일종의 문화운동 차원에서 형성되었다. 대학의 '여성학' 교육을 통해 페미니즘 이론이 소개되었고 페미니스트 활동가가 상당수 양성되었다. 1970년대 후반에 최초로 '여성학' 강좌가 개설되었고 1990년까지 약 69개 대학에 '여성학'이 개설되어 이때 교육받은 여성운동가들이 민주화운동과 맞물려 활발한 여성운동을 펼쳤고 대학 강단 범주에서 생성된 페미니즘은 1990년대 비약적인 발전을 하였다.

그러나 대학의 '여성학'은 2000년대 중반 무렵부터 폐지되기 시작했다. 최근 조사에 따르면 '여성학'이 별도 학과로 운영되는 곳은 없으며 교양수업으로 명맥을 유지하는 현실을 맞았다. 이는 서구의 페미니즘이 1980년대 이르러 복잡한 현대사회에서 길을 잃고 분열되어 담론 생산을 더는 하지 못하는 침체기를 맞은 현상과도 궤적을 같이한다.

애초 한국의 페미니즘은 대학 강단에서 시작되었기에 여성학이 폐지됨과 동시에 젠더 이슈, 페미니즘 담론 생산은 한계에 직면하고 말았다. 2003년 뜨거운 이슈였던 '호주제 폐지'를 끝으로 페미니즘은 지속적인 활동과 공공의 장에서 담론 재생산을 하지 못한 채 거의 고착 상태나 다름없었다. 물론 압축적인 경제성장과 시대적 변화에 따라 여성들의 정치적·법적 권리가 늘어나고 성평등 의식이 매우 높아졌음은 주지의 사실이다.

한국에서는 중산층 여성들이 여성단체를 결성하며 페미니즘 운동을 이끌었다. 그런데 여성운동가들이라 해서 페미니스트라고 불러야 할지가 분명하지는 않다. 여러 가지 의문이 꼬리를 문다. 여성단체에서 활동하는 여성운동가는 모두 페미니스트일까? 여성단체에서 활동하니까 당연히 페미니스트로 분류되어야 하는가? 본인이 스스로 "나는 페미니스트다"라고 선언해야 명확하지 않을까? 그리고 "나는 페미니스트다"고 밝힌 페미니스트는 어떤 조류의 페미니즘을 중심 철학으로 삼고 있는가? 여성운동가들이 속해 있는 여성단체의 성격으로 대략 짐작해야 하는가?

전성기를 맞이한 한국 페미니즘

페미니스트들은 호기를 만났다. 강연회, 세미나, 토론회 등을 통해 급진 페미니즘 전파에 열을 올린다. 여대생을 비롯한 젊은 여성층 상당수가 여기에 경도되었다. 그런데 이들을 자세히 관찰해보면 대부분 고학력자에 경제적으로 안정된 여성층이다.

메갈리안들도 좋은 대학 출신이 많고, 먹고사는 데 지장 없는 이들이 많음을 유추할 수 있다. 그런데도 극단적인 남성 혐오를 발산하고 "여성으로 이 땅에 태어난 것이 죄"라고 들먹이며 자신들을 자학하는 여성들로 넘쳐난다. 여기에 페미니스트로 자처하는 이들의 이중성, 허위의식, 가식이 드러난다. 자신의 실제 생활은 윤택하면서 "봐라! 한국 여성들의 삶이 얼마나 비참한가?" "얼마나 많은 성희롱, 성폭력, 강간에 시달리는지 아느냐!"고 목소리를 드높인다.

그리고 페미니스트로 자처하는 이들의 '사회적 위치'와 '밥벌이'가 밀접히 연관되어 있다. 급진 페미니즘 이슈가 자신의 지위를 강화하고 먹고사는 데도 긍정적 영향을 끼치기에 더욱 열성을 발휘했다는 것이다. 또한, 좌파 정당의 여성주의자들은 급진 성향의 여성단체와 네트워크를 형성하고 있으며 좌파 언론 매체와도 연결점이 있다. 페미니스트 세력은 순식간에 커졌다.

촉이 빠른 진보 언론들로서는 페미니스트로 자처하는 이들의 실체는 별로 중요하지 않았다. 그들의 실상을 알든 모르든 상관없었다.

막강한 파워를 가진 여성단체, 여성단체 출신 정치인, 메갈리아를 지렛대로 삼아 급진 페미니즘의 전도사 역할을 하던 여성학자와 페미니스트 문화평론가 등은 물 만난 물고기처럼 때를 만났다.

상황이 이렇게 흘러가자 평소 여성주의에 별다른 생각 없이 살던 남성들이 하나둘 페미니스트 옹호에 가세하기 시작했다. 이들은 "한국 사회는 그동안 남성 중심의 가부장제 구조였음을 부인할 수 없기에 그 속에서 살아온 대다수 남성이 속죄해야 한다"고 말했다. 그리고 "여성은 사회적으로나 신체적으로 약자이기에 이들의 남성 혐오도 이해해야 한다"고 덧붙였다. 갑작스러운 참회에 나선 이들은 주로 매스컴을 무대로 활약한 식자층 남성이었다. 이른바 지식인 남성 페미니스트가 등장한 것이다.

절망의 시대, 어두운 그림자

앞에서 급진 페미니즘의 급작스러운 발호 계기가 강남역 살인사건이라고 말했었다. 그런데 좀 더 깊이 파고들어 가보면 심층적인 토양이 조성되어 있었다. 이미 수년 전부터 젊은 층 사이에 번진 마음의 상처였다. 이는 '헬조선'이라는 신조어에 집약되어 있다. '지옥hell'과 신분 사회 '조선'이 합성된 단어 헬조선은 청년층의 절망과 자조 어린 탄식이 담겼다. 흙수저, 은수저, 금수저라는 새로운 비유 표현에서 이들의 박탈감을 오롯이 엿볼 수 있다.

사회경제적 불신과 절망이 팽배한 가운데 이를 해결할 담론은 상실되었고 시대를 이끌어가는 사상은 부재했다. 희망의 끈이 없는 가운데 누군가는 가장 손쉬운 표출 방식을 선택했다. 그것은 '혐오'였다. 남성이 여성을 혐오하고 여성이 남성을 혐오하고, 세대가 다른 세대를 혐오하고 강자가 약자를 혐오하며 약자가 강자를 혐오하는 정서가 어둡게 드리워졌다.

그 어느 시기보다 개인주의가 발달한 때에 성장하여 이기적인 성향이 강한 청년 세대는 미래에 대한 불안에 빠졌다. 이 불안을 해소할 방편 중 하나가 페미니즘이었다. 젊은 여성들은 페미니즘에 눈떴고 깊이 빠져들었다. 여성의 이익을 대변해줄 대안으로 페미니즘을 받아들이기 시작한 것이다. 페미니즘이 젊은 여성들의 구원자 역할로 등판한 셈이다. 장차 사회로 나아갈 여자 대학생은 불확실한 미래에 대한 어떤 대비책 역할을 페미니즘이 해줄 것이라는 기대감을 걸었다.

안개처럼 불투명한 미래, 이정표가 보이지 않는 답답한 상황에서 급진 페미니즘은 혐오와 어우러졌다. 일부에서 시작한 한국 남성 혐오는 '한남' '한남충'이라는 신조어를 낳으며 발전했다. 좌파 언론들은 이를 받아 페미니즘 담론을 형성시켰다. 직업 페미니스트 진영인 강단 여성학자와 여성단체들은 이데올로그 역할을 했다. 그리고 실천 방안을 행동으로 옮기며 거대한 페미니즘 진영을 형성했다. 그러나 '혐오'로 시작하고 '혐오'를 매개로 한 페미니즘은 변질되어갔다. '악덕' 페미니즘, '바이스vice' 페미니즘으로 추락한 것이다.

누구를 위한 무엇을 위한 페미니즘인가?

역사성과 이론적 기반 없이 혐오를 자양분으로 삼다

현재 진행 중인 한국 페미니즘의 난맥상은 그 연원이 혐오에 있다. 메갈리아의 남성 혐오가 그 출발점이다. 이것은 서구 페미니즘의 발전 과정과 비교할 때 근본적인 차이를 보인다. 서구 페미니즘 역사는 여성의 참정권 획득 투쟁으로부터 시작한 사회운동이자 정치적 실천운동이었다. 국내 페미니즘이 1970년 초 급진적 페미니즘을 직수입한 상황과는 출발부터가 다르다.

영국의 여성운동가 에밀리 데이비슨은 1913년 '여성에게 투표권을!'이라는 문구가 새겨진 외투를 두르고 국왕 조지 5세의 경주마가 결승점을 통과하는 순간 몸을 던져 숨졌다. 그로부터 5년이 지난 1918년 영국 의회는 30세 이상 여성에게 투표권을 부여했다. 제한적 투표권에서 21세 이상 여성에게 전면 허용한 것은 10년 후인 1928년이었다. 참정권 획득 과정에서 여성운동이 격렬하게 진행되었다.

미국은 주별로 점진적으로 여성 참정권이 부여되기 시작하여 1920년에 헌법에 보장되었다. 그런데 초기 미국 페미니스트 운동가 중 일부는 소수민족 여성과 흑인 여성을 차별하는 행위로 페미니즘 역사에 오점을 남겼다. 이에 대해 오스트레일리아 흑인 여성운동가 이브 페슬은 "백인 여성은 흑인 남성보다 더 흑인 여성을 억압하고 있다는 걸 알아야 한다"고 꼬집었다.

서구 여성들의 피땀 흘린 참정권 획득 투쟁과 달리 대한민국 여성 참정권은 1948년 제헌 국회 선거를 통해 자동으로 얻었다. 정치적 실천운동 면에서 한국 페미니즘은 서구 페미니즘 역사와는 엄청난 차이를 안고 있다. 사회운동으로서의 역사성과 자체 이론적 기반이 없는 상태에서 발전한 것이다. 그래서 다른 동력을 찾았다. 남성을 '적'으로 설정하여 남성 권력에 도전하고 있다. 이는 급진적 페미니즘의 전통적 입장과도 똑같다.

하지만 적을 찾고 혐오하는 방식은 합리성을 잃기 마련이다. 특히 메갈리아-워마드가 보여준 무차별 남성 혐오는 증오를 넘어 광기를 뿜어낸다는 데 심각한 문제가 도사리고 있다. 안중근, 윤봉길 의사 같은 독립운동가를 조롱하고 남성 연예인의 죽음에 환호작약하는 행태는 그냥 웃어넘기에는 정도가 지나치며 사회적 부작용도 심각하다.

캐비어 좌파의 어설픈 옹호

메갈리아-워마드식 혐오에 대한 식자층의 일방적인 옹호는 남녀 갈등을 더욱 확산시켰다. 대표 인물이 박경신 고려대학교 법학전문대학

그 페미니즘은 틀렸다

원 교수다. 그는 "혐오는 소중한 자유다. 여성들은 우리 사회에서 신체적 약자일 뿐 아니라 사회적 약자이기 때문이다"[17]라고 썼다. 서민 단국대 교수의 "남자는 잠재적 범죄자. 이를 자각하는 것이 좋은 남성이 되는 첫걸음"[18]이라는 발언도 눈길을 끈다.

또한, 홍성수 숙명여대 법학부 교수는 혐오에 대한 독특한 해석을 내놓았다. "소수자가 아니면 혐오 표현의 해악은 커지지 않는다. 다수자에게는 특정 발언이 기분 나쁠 수는 있지만, 폭발력을 지니지도 않는다. 남성 혐오가 성립하지 않는 이유다"[19]라고 역설했다.

앞에서 말한 사람들은 모두 대학교수이자 남성들이라는 공통점이 있다. 엘리트 계층이며 각종 강연과 방송 출연으로 문화권력을 행사할 수 있는 위치에 있다. 그러므로 이들의 발언은 대중에게 영향력을 끼치고 높은 설득력을 지닐 개연성을 가진다.

나는 이들이 전형적인 '캐비어 좌파'에 속하는 부류들이라 생각한다. 명석한 논리처럼 느껴지는 번지르르한 필설에는 근거 없는 단호한 표현이 난무한다. 이들은 대중에게 교훈을 주겠다는 섣부른 사명감에 젖어 있다.

'캐비어 좌파'라는 단어는 로랑 조프랭이 『캐비어 좌파의 역사』에서 사용했다.

"'캐비어 좌파'란 아무런 위험도 감수하지 않으면서 스스로를 양심적이라고 간주하는 사이비 좌파, 입으로는 정의를 말하지만 이를 실천에 옮기지 않는 좌파, 무엇을 해야 하는지를 말하지만 자신이 한 말을 행동으로 보여주지 않는 좌파를 가리킨다. 그들을 경박하고 위선적인 종족, 경망스러우며 기회에 편승하는 부류, 우아한 위선자들의 집단이라고 치부하는 사람들도 있다. 민중을 사랑하지만 민중의 운명을 공유할 마음은 없는 자, 노동자들이 지지하는 인물에 투표하긴 하나 밥만큼은 부자와 먹는 자, 진보주의 운동 속에 어울리지 않게도 상류 계급의 사고와 행동방식을 끌어들이는 자를 말한다."[20]

캐비어 좌파 성향은 국내 좌파 지향적 식자층에서도 쉽사리 발견된다. 요즘 페미니스트 옹호에 열성적인 태도를 보이는 이들을 보면 더욱 그렇다. 이들 매스컴 지식인들은 "여혐과 남혐은 똑같이 볼 수 있는 개념이 아니다. 남혐은 실재하지 않는다"(서민 교수 발언)는 공통의식을 가지고 있다. 하지만 만약 이들에게 직접 남혐 용어인 '한남충' '애비충' '한남유충' '씹치남' '느개비후장' '6.9(한국남자 성기 평균 사이즈를 비하하는 용어)' 등을 들이대며 쏘아붙인다면 어떨까? 그래도 아무렇지 않게 "남혐은 존재하지 않는다"고 자신 있게 말할까? 남에게 교훈을 주는 것에만 익숙하지 막상 남들이 주는 교훈에는 귀기울이지 않는 습성을 가졌기에 아무렇지 않게 받아들일까?

문제는 이들의 인식 정도가 보통 한국 남자들의 정서와 매우 동떨어져 있다는 것이다. 여혐만큼 남혐 역시 절대 정당화될 수 없다. 보통 여성들이 여혐에 상처받듯 남혐도 마찬가지다. 인간은 그만큼 이성보다 감정이 앞서는 동물이다.

"수천 년 남성이 지배해왔는데, 최근 몇 년 페미니스트들이 격하게 준동했다고 해서 그것이 같나?" 남성 페미니스트로 자처하는 이들이 실제로 자주 하는 말이다. 수천 년 남성 지배 역사가 죄라면 그 죄를 왜 현재 남성 세대에게 묻는가? 왜 그들이 오랜 조상 중 남성의 죄만 골라서 짊어져야 하는가. 이것은 몹시 불공정하다.

현실과 동떨어진 논리로 '남성 혐오는 성립 불가' 판정을 내리는 행위는 대다수 남성을 내쳐버리는 셈이다. 소위 지식인의 스노비즘적 근성이다. 혐오가 만연한 사회는 아노미 상태로 향한다. 혐오가 어떻게 소중한 자유가 될 수 있는가? 소극적인 자유는 될지언정 적극적인 자유, 소중한 자유는 될 수 없다. 소극적인 자유와 적극적인 자유는 양자를 동등한 위치에 놓아야 한다. 그래야만 모든 이에게 유효한 자유가 된다.

개인주의를 극도로 강조하는 자유 지상주의자일지라도 그는 사회 구성원으로서 상호의존성 속에서 살아간다. 혐오가 표현의 자유라 해도 다른 사람에게 영향을 끼치며 다른 사람의 자유를 침해할 수 있다. 우리가 사는 민주주의 사회는 균형이 중요한 덕목이다. 따라서 남성 혐오는 여성 혐오와 다르다는 주장은 특정 집단을 배려함으로써 균형에서 벗어난 시각에 지나지 않는다.

흙수저 여성, 흙수저 남성을 더 힘들게 하는 페미니즘

매스컴 지식인들의 문화권력 영향력은 대단하다. 서민 교수의 "남자는 잠재적 범죄자" 발언은 파장을 불러왔고 일거에 한국 남성들을 잠재적 범죄자로 '일반화'시키는 괴력을 발휘하였다. 급진적 페미니스트들의 활동에 날개를 달아준 건 아이러니하게도 매스컴 식자층 남성 페미니스트들의 활약이었다.

이것은 페미니즘이 가진 본질적인 딜레마와도 흡사하다. 페미니즘은 백인 중간계급 여성들의 경험을 일반화한 이론이다. 교육받은 백인 여성들은 최하위 노동계층인 흑인과 소수민족 여성의 희생을 당연하게 여기며 삶을 영위했다.

상층부 엘리트 지식인들이 남성 혐오에 대해 정당성을 부여한 데 대한 피해 계층은 이른바 수많은 이름 없는 흙수저 남성들이다. 또한, 급진적 페미니즘 전성시대의 피해 계층은 주로 흙수저 여성들이다. 이들이야말로 진정한 사회적 약자층으로 남성 혐오가 심하면 심할수록 먼저 희생양이 된다. 급진적 페미니즘이 성 권력에 주목하면 할수록 보통 여성들의 삶과는 동떨어지게 된다. 하위 노동계층 여성들이 받는 사회경제적 압박이 더욱 심해진다. 흙수저조차도 되지 못한 그냥 흙 상태인 빈곤층 여성과 남성의 삶에 페미니즘이 도대체 무엇이란 말인가.

복지국가운동의 정신을 한마디로 정의하면 휴머니즘이라고 생각한다. 페미니즘 역시 인권을 바탕으로 한 휴머니즘에서 출발하지 않았던가. 인간의 존중, 인간의 다양성, 공존하는 사회, 즉 인본주의의 가치를 되찾는 일이 더 필요한 시점이다. 페미니스트보다 휴머니스트가 더 낫다. 정 페미니스트가 되어야겠다면 인본주의를 기반으로 한 '합리적 페미니스트'가 되라.

남성 페미니스트의 활약

교양 있는 남성의 미덕

페미니스트임을 자처하거나 공개적으로 선언하는 남성 페미니스트들이 부쩍 늘고 있다. 매스컴을 적극 이용한 페미니즘 옹호 발언, 기고문 등을 통해 남성 페미니스트들의 활약이 오히려 더 두드러지는 면도 확인된다. 중년 남성 페미니스트들은 주로 언론매체에서 젊은 남성 페미니스트들은 소셜미디어를 활용한 페미니즘 전파에 열성적이다.

방송 출연과 페미니즘 강연 등으로 여타 페미니스트들보다 분주한 삶을 살고 있는 손아람 작가는 남성으로서 페미니즘에 대해 역설한다.[21]

한 언론 인터뷰에서 "페미니즘이 한국 사회의 성차별 현실에 대한 해결책인가?"라는 질문에 대해 "페미니즘은 유일한 해결책이다"고 단언했다. 그리고 현재 국내 페미니즘 주장이 남자들에게 죄의식을 강요하는 것 같다며 이에 대한 생각이 어떤지 묻자 "죄의식이 뭐 대수입니까. 좀 느끼면 어때요. 일본인들도 과거사에 죄의식을 느껴요. 한국인들이 일본에 죄의식을 강요한다고 말하는 사람도 있고요. 세상일은 대개 비슷하지요"라고 답했다.

손아람 작가의 인터뷰 내용을 통해 남성 페미니스트들이 가진 페미니즘에 대한 사고의 전형을 엿볼 수 있다. 그들은 페미니즘에 대하여 상당히 왜곡된 논리를 자신 있게 말한다. 현대 사회는 1970년대 급진적 페미니즘이 발생하던 때와는 시대적 상황이 다르다. 현대 사회는 남성과 여성 모두 성차별에 대항하는 시대다. 따라서 다차원적이고, 다층적으로 접근해야 한다. 남성, 여성의 문제는 현실적으로 풀어나가야 한다. 손아람 작가의 말처럼 "페미니즘이 유일한 해결책"이라는 식은 맹아적인 시각일 뿐이다.

사회적으로 전개되는 문제에 유일한 해결책이란 없다. 사회는 그만큼 다원적이며 복잡하기 때문이다. 페미니스트라 할지라도 사회 전체를 조망하는 관점으로 사안을 풀어나가야 한다. 페미니즘이 남성들에게 죄의식을 강요하고 있다는 지적에 대해서도 "죄의식이 뭐 대수입니까. 좀 느끼면 어때요"라며 "일본인들도 과거사에 죄의식을 느낀다"는 논리를 펴는데, 이것은 비유의 필수 전제인 유사성을 상실한 비약에 지나지 않는다. 자신이 옹호하는 페미니즘에 정당성을 부여하기 위해 일본의 과거사 문제까지 거론한 것일 뿐 올바른 사고라고 보기 어렵다. 손아람 같은 남성 페미니스트들의 공통점은 사회 전체를 바라보는 통찰력이 심각하게 부족하다는 것이다.

공짜 도덕적 우월감

매스컴에 자주 등장하는 좌파 성향 식자층은 거의 전부라 할 정도로 페미니즘을 옹호한다. 그들은 페미니즘을 일종의 도덕률로 받아들이는 것 같다. 하버드대학과 토론토대학의 심리학 교수인 조던 피터슨의 절묘한 지적대로 '공짜 도덕적 우월감'을 페미니즘을 통해 얻는 것일지도 모른다.

남성 페미니스트의 특징은 남성이지만 여성의 시각으로 사회를 인식하고 있다는 것이다. 가부장제도 개념에 근거하여 여성이 성 억압, 성 착취로 남성에게 종속되어 있다고 규정한다. 남성 페미니즘은 페미니즘 조류 중 1980년대 제3물결 시기에 출현하였다. 주디스 로버의 『젠더 불평등: 페미니즘 이론과 정책』은 제3물결 시기를 '젠더 반란 페미니즘'으로 규정하는데 여기에는 남성 페미니즘, 포스트모던 페미니즘, 다문화주의 페미니즘, 사회구성 페미니즘이 속한다.

주디스 로버는 남성 페미니즘을 이렇게 정리한다. "남성 페미니즘: 남성과 남성성 연구에 페미니즘 이론을 적용한다. 남성도 여성처럼 하나의 젠더로 취급하면서 남성성을 여성성만큼이나 신중하고 면밀하게 검토한다. 남성 집단이 경제적·교육적 자원과 정치권력 지배, 모든 남성에게 이로운 제도화된 특권, 여성에 대한 남성의 폭력과 성적 착취를 조장하는 사회적 가치를 젠더 불평등 원인으로 본다."[22]

나는 페미니즘에 대해 관심을 가진 지 꽤 오래되었다. 1990년대 말부터 페미니즘 관련 서적을 탐독하면서 남성 페미니스트에 대해서도 관찰하기 시작했다. 서구 페미니즘 연구자들은 이미 오래전부터 남성 페미니즘에 대한 논문 등을 발표했지만, 국내에서는 이러한 연구나 자료가 거의 없는 실정이다. 나는 국내 남성 페미니스트를 보면서 이들에게서 여러 유형을 발견했고 다각도로 분석해보았다. 내가 경험한 바로는 국내 남성 페미니스트가 출현한 것은 대략 2000년 초쯤이었다.

나는 2004년에 당시 집권 여당이었던 열린우리당 당원으로 여성 부문에서 주로 활동하였다. 그때 열린우리당 개혁 분파 진영의 남성 당원들 가운데 "나는 페미니스트다"라고 선언하는 것이 유행처럼 번졌다. 탤런트 권해효 같은 이는 열린우리당 당원은 아니었지만, "나는 페미니스트다"를 공개 선언하며 메이저 좌파 여성단체들과 활발한 협력을 한 대표 사례다. 그전 해인 2003년은 호주제 폐지 법안 국회 통과가 쟁점화되었던 시기로 이 법안을 지지하는 남성 페미니스트들이 모습을 드러내기 시작했다.

국내 남성 페미니스트들을 관찰하다 보니 몇 가지 유형을 발견하게 되었다. 이들의 유형은 다음과 같다.

허세형 남성 페미니스트

2003년부터 등장한 남성 페미니스트들과 그들의 페미니스트 선언을 보면서 나는 이들에게 의구심을 가지지 않을 수 없었다. 실천적인 면모가 없었기 때문이다. 쉽게 말해 개혁주의 바람에 편승한 페미니스트 되기였다. 나는 이들에게서 일종의 허위의식 같은 심리를 간파하게 되었다. 한국 페미니즘은 투쟁의 역사성을 지닌 서구 페미니즘과는 달리, 페미니즘에 대한 대중적인 정치적 실천운동도 없었고 지식과 이론을 갖춘 이들도 전무했다.

일단의 남성 페미니스트 활동가(활동가라고 칭하기에는 매우 미미하지만)들은 좌파 여성단체들이 벌이는 '호주제 폐지운동'에 동참하는 남성 동력의 디딤돌 역할을 했다. 정치권에 이슈를 던지는 몫을 분담한 정도였다고 볼 수 있다. 그런데 2005년에 호주제가 폐지되었고 얼마 지나지 않아 참여정부 지지율이 급전직하하는 등 국내 정치 상황이 변하자 남성 페미니스트들도 종적을 감추기 시작했다. 내가 본격적으로 페미니즘 이론에 관심을 가지게 된 시기가 이 무렵이었다.

페미니스트들은 남녀 불문하고 페미니즘 사상에 대한 학습도 없었고 페미니즘으로 사회를 변화시키는 캠페인도 전혀 전개하지 않았다. 페미니즘의 유형은 복잡다단하고 그 속에 여러 분파가 존재하건만, 페미니즘 이론에 대한 본질적 이해를 하는 이들을 찾아보기 어려웠다. 당시 잠깐 출현했던 남성 페미니스트들은 이른바 '허세형 페미니스트'의 원조 격이라 할 수 있다.

참회형 남성 페미니스트

2015년 인터넷 남성 혐오 사이트 메갈리아가 출현하자 2003년에서 2005년 사이에 잠깐 모습을 드러내었던 남성 페미니스트들이 다시 등장했다. 두 시기의 남성 페미니스트들은 비슷한 면이 있다. 대학교수를 중심으로 한 식자층이 중심이 되었다는 점이다. 이들은 페미니스트로 자처하며 메갈리아 방식의 페미니즘을 적극 옹호하곤 했다.

대표 인물이 진중권 교수, 서민 교수, 박경신 교수 등이다. 이들을 필두로 페이스북을 통해 페미니즘을 적극 옹호하는 남성 교수들이 부쩍 늘어났다. 그와 동시에 문화예술 분야 종사자 중 문화평론가임을 내세우는 남성 페미니스트들이 증가했다.

인권 문제에 관심 있는 남성 대학교수들은 대다수가 남성 페미니스트로 자처했다. 하지만 사실 이들 중에 페미니즘 이론에 능통한 이는 거의 없었다. 이들을 면밀하게 관찰해보면 일종의 '참회형 남성 페미니스트'의 모습이 엿보인다. 가부장제와 남아선호사상의 수혜자들로서 자신들의 지난 시기를 돌아보며 반성의 감정을 표현하는 것이다. 메갈리아의 남성 혐오 표현이 극단적으로 흘러도 "여자들이 오죽하면 저러겠어, 좋게 봐주자"고 말하는 남성 식자층들이 늘었다. 이들이야말로 뼛속 깊이 가부장제의 침전물이 켜켜이 쌓여 있는 유형이다. 이들의 연령대는 요샛말로 '아재'라 불리는 주로 50대 이상 연령대 남성들이다. 이들의 심리는 위에 쓴 대로다. 메갈리아-워마드에 이르러서는 남성 혐오를 페미니즘으로 받아들이는 현 상황을 매우 단순히 시각으로 대한다.

부친 증오형 남성 페미니스트

젊은 남성 페미니스트들은 앞서 소개한 50대 이상 지식인층과는 다른 양상을 보인다. 상당한 세대 차이가 나며 심리적인 면에서 상당히 복잡한 모습을 보인다. 나는 많은 청년 남성 페미니스트와 터놓고 대화해왔다. 그들 중에는 자신의 아버지가 가장 노릇을 제대로 하지 못하면서도 어머니를 학대하는 환경에서 어렵게 성장한 이들이 제법 있었다. 그래서 아버지에 대한 크나큰 증오심을 가지고 있었다. 어머니에게 깊은 애정을 보이지만 아버지에 대해서는 증오심과 환멸을 드러내놓고 표출했다. 이런 유형은 열성적인 남성 페미니스트로 변모하기도 한다. 소셜미디어에서 페미니즘을 맹렬히 지지하는 경향도 보인다. 나는 '부친 증오형 남성 페미니스트'가 메갈리아-워마드를 적극 옹호하는 남성 페미니스트 중 상당수를 차지하리라 짐작한다.

게이 남성 페미니스트

페미니즘과 성소수자를 함께 다루는 것은 매우 미묘하고 복잡한 문제다. 남성 페미니스트 중 성소수자(게이)도 높은 비중을 차지한다. 페미니즘은 전통적으로 성소수자와 연대해왔던 역사가 있다. 특히, 소셜미디어에서 페미니즘을 비판하는 이들과 끈질긴 논쟁을 펼치는 남성 페미니스트 중에는 프로필과 행적을 통해 자신이 게이임을 표현하는 이들이 적지 않다.

미국이나 유럽의 페미니스트들(특히 레즈비언 페미니스트)은 동성애 관계를 법적으로 인정받기 위해 게이들과 정치적 행동을 함께한다. 당연히 이 운동에 남성 페미니스트들이 포함된다. 게이 남성 페미니스트들은 어떤 남성 페미니스트들보다 더 열성적인 페미니즘 운동가이기도 하다.

게이이면서 남성 페미니스트라고 밝힌 어떤 이가 나의 블로그에 남긴 장문의 댓글은 이들의 성향을 이해하는 데 참고가 되었다. 댓글의 내용을 소개하면 이렇다.

"게이 남성들은 대개 여성적인 행동을 즐긴다. 이게 핵심이라고 생각한다. 또 여성성을 좋게, 재미있게 받아들인다. 게이를 대상으로 삼은 유머들은 너무 과장되게 여성성을 보이는 면이 있다. 남성들이 기분이 좋아지면 거친 행동을 하는 것처럼, 게이 남성들은 여성적 행위를 거칠게 하는 것이다. 게이들의 여성 인권에 대한 관심은 첫째, 여성에 대한 신뢰성, 즐거움을 기반으로 하는 보람 때문이다. 둘째, 자신이 지닌 내적 여성성이 받아들여지기 때문이기도 하다.

그리고 페미니스트 중에는 진짜 레즈비언Actual 페미니스트와 게이와 레즈비언을 지지하는 페미니스트가 있는데 이 둘은 차이가 있다. 또 페미니스트가 LGBT레즈비언, 게이, 양성애자, 트랜스젠더와 연계될 수 있는 까닭으론 페미니스트들의 호혜가 가장 크다고 생각한다. 여성들은 게이를 성적 대상이 아닌 그냥 친구로 여기는 이유가 크다."

군소 좌파 정당 소속 남성 페미니스트

남성 페미니스트 중 수적으로 가장 많은 유형이 좌파 정당 소속이다. 이들 남성 페미니스트들은 정의당(옛 민주노동당, 진보신당 포함), 노동당, 노동당에 합류한 구 사회당 소속이거나 출신이다. 전통적으로 좌파적 가치로 받아들인 페미니즘을 옹호하는 세력이다. 이들 역시 소셜미디어에서 활발히 페미니즘을 지지하며 자신이 페미니스트임을 자못 자랑스럽게 드러낸다. 이들은 좌파 계열 언론에 페미니즘 필요성에 대한 기고 글을 자주 쓴다.

각 좌파 정당끼리 페미니즘에 대한 보이지 않는 경쟁을 펼치며 페미니스트들을 자신이 속한 정당으로 유입시키기 위해 노력하기도 한다. 이들은 페미니즘 가치에 대한 소유권 의식도 가지고 있다.

좌파 계열 언론사 소속 남성 페미니스트

《한겨레》,《경향신문》을 비롯하여 《시사인》,《허핑턴포스트코리아》,《오마이뉴스》,《프레시안》 등에 소속되어 페미니즘에 대해 지속해서 옹호 기사를 게재하는 남성 언론인들이 있다. 이들은 페미니스트들의 기고는 적극 게재하면서, 페미니즘을 비판하는 측의 의견은 절대로 싣지 않는 편파성을 보인다. 또한, 서구 페미니스트의 번역서나 국내 페미니스트 여성학자들이 출판하는 저서에 대해서 지면을 적극 할애하며 소개한다. 이들이야말로 페미니즘에 확산에 가장 큰 영향력을 끼치고 있다고 봐도 무방하다. 좌파 계열 언론사 소속 남성 페미니스트들이 실제로 페미니스트인지는 모호하다. 엄밀하게 보면 페미니즘을 하나의 시대적 문화 콘텐츠로 보는 면이 강하다. 더 쉽게 말하면 페미니즘이 돈이 되고 장사가 되니까 그렇다. 바람 부는 방향으로 돛을 다는 것이 더 정확한 처신일지도 모른다.

현재까지 국내의 남성 페미니스트 유형을 분류해보았다. 하나 더 덧붙이자면, '마조히즘적 남성 페미니스트'도 존재하리라 본다. 여기에 대해서는 더 깊은 관찰이 필요하다.

페미니즘은
누구에게 이득인가

엘리트 여성만 수혜자

페미니즘이 득세하면 누가 이로운 결과를 얻을까? 모든 여성이 이득을 얻을까? 반복해서 말하지만, 페미니즘으로 이익을 얻는 여성은 지극히 소수다. 여성 교수들 특히 강단 페미니스트들, 여성 변호사들, 여성 정치인들, 여성단체나 페미니스트 활동가 중 상층부에 속해 있는 여성들이 혜택을 받는다. 여성 대학생들도 이로워질 가능성이 있다. 대학교 여학생들이 페미니즘에 쉽사리 빠져드는 데는 현재나 미래에 이익이 생기거나 유리한 환경이 조성되리라는 기대가 한몫한다.

대다수 페미니스트가 중산층 이상 상층에 속해 있다. 이들은 남성에 대해 투쟁하면 할수록 지위를 높일 수 있다. 열혈 페미니스트임을 내세우며 페미니즘 전파에 열 올리는 어느 여성 교수의 페이스북을 보고 기묘한 느낌을 받았다. 고급 음식 사진, 해외여행 소식, 남편이 직접 만든 간단한 먹거리 사진이 자랑하듯 올라왔다. 그리고 TV 페미니즘 관련 프로그램 출연과 일반인 상대의 강연 등으로 바쁜 나날을 보내고 있었다. 페미니즘이 이 여성 교수에게는 기회와 축복을 가져다준 셈이다.

그 여성 교수가 포스트모던 페미니즘 이론을 동원한 한껏 어렵고 복잡한 수사로 풍부한 그러나 알아먹기 어려운 글을 페이스북에 올리면 '좋아요' 수백 개가 붙는다. 그리고 남성의 성추행, 성폭력 사건이 한 건이라도 발생하면 침소봉대하여 전체 남성을 싸잡아 공격하며 적으로 돌린다.

남성들은 죄다 악당이어야 한다. 악당이 많으면 많을수록 페미니스트들의 지위는 높아진다. 소득 불평등 시대를 사는 남성들 역시 피해자요 희생자이지만, 이 단순한 사실은 외면한다. 무엇 하나 부러울 것 없는 여성 교수는 무엇이 그리도 억울해서 여성은 피해자라 외치며 페미니즘 전도사가 되었을까.

피해자라는 이름의 권력자

여성단체 상층부 페미니스트들은 온 세상 남성들이 전부 성범죄자요 모든 여성이 성희롱과 성폭력 피해자임을 주장하며 투쟁을 선동한다. 그래야만 여성단체로 돌아오는 이익이 커진다. 여성들이 사회적 약자임을 방패로 앞세워 자신의 인지도를 높인다. 그럼으로써 자신이나 소속 단체의 다른 여성이 지방선거나 국회의원 선거에서 비례대표 자리를 확보하는 교두보로 삼는다.

비례대표로 공직을 거머쥔 여성은 다음번에는 지역구 선거에 나서서 기필코 재선에 성공해야 하기에 공세의 수위를 더욱 높인다. 이들에게는 잘 차려진 페미니즘 밥상이 황송할 따름이다. 세상의 절반이 여성이니 모두 내 편으로 만들어야 한다는 다짐을 하고 또 한다.

또한, 여학생들은 뭔지 잘 모르겠지만 유리한 국면이 전개되고 있는 것은 분명하다는 생각에 앞뒤 가리지 않고 강성 페미니스트로 변모한다.

분명한 사실을 짚고 넘어가야겠다. 페미니스트들의 바람대로 여성들이 권력을 쟁취하더라도 그것은 소수의 엘리트 여성들의 전유물일 뿐이다. 정치권이나 직장에서나 유리 천장을 깨는 여성들은 극소수이다. 여전히 대다수 여성의 삶은 결코 나아지지 않는다.

권력 지향적인 페미니스트들이 부추긴 성 전쟁의 피해자는 대다수의 이름 없는 남성과 여성들이다. 페미니스트들은 사회 밑바닥에서 힘든 삶을 이어가는 여성들이 훨씬 더 많음을 보지 못한다. 보고도 외면한다. 페미니즘이 이런 여성들에게 진정으로 무슨 도움이 된다는 말인가? 혐오와 대립의 난투극 속에서 사회적 약자인 빈곤 노동계층의 여성들이 피해를 겪는다.

사회의 기초는 상호 협력이다. 타인을 멸시하고 희생시켜 이득을 취하지 말아야 한다. 특정 이데올로기를 앞세워 타인을 억압하거나 배척해서도 안 된다. 진정한 연대 정신이 페미니스트들에게 절실히 필요하다.

레즈비어니즘과
페미니즘의 종말

페미니즘의 마지막 불꽃

기나긴 세월을 거친 페미니즘은 이제 종막으로 향하고 있다. 18세기 프랑스혁명의 영향으로부터 시작된 사회운동인 페미니스트 운동은 19세기 특히 미국에서 발전하여 여성운동의 모델이 되어 오늘날에 이르렀다.

근래 들어 한국 사회에 재등장한 페미니즘은 마치 마지막 불꽃처럼 타오르고 있다. 정치적 권리인 투표권조차 얻지 못했던 여성들의 자랑스러운 권리 획득 투쟁은 21세기인 현재 페미니즘이란 이름으로 성 권력 쟁취의 방식으로 존재하고 있다.

21세기 페미니즘은 성 전쟁터다. 1970년 초에 일어난 급진적 페미니즘의 물결은 40여 년이 흐른 지금 양성 간의 권력 관계에 더욱 중점을 둔다. 한국의 페미니스트들은 이러한 미국식 급진적 페미니즘을 비판의식 없이 받아들여 국내에 적용했다. 미국식 급진적 페미니즘이 한국의 실정에 맞는지 어긋나는지는 고려하지 않았다. 미국의 급진적 페미니스트가 쓴 저서를 길잡이로 삼고 이들의 국내 방문을 추진하여 초청 강연회를 여는 등 페미니즘 확산에 주력해왔다.

　국내 페미니스트들은 미국식 급진적 페미니즘이 한국의 현실에 적합한가에 대한 의문을 가져본 적이 있을까? 미국식 급진적 페미니즘은 레즈비언 페미니즘의 그림자가 너무 짙게 드리워져 있다는 사실을 간과하고 이를 국내에 여과 없이 들여와 페미니즘의 교과서처럼 삼는 것이 옳은가?

레즈비언 페미니즘과 급진 페미니즘의 결합

레즈비언 페미니즘은 1970년대 초 급진적 페미니즘과 결합했다. 당시 미국 페미니스트 지도자들은 레즈비언 페미니즘을 수용했다. 남성을 적으로 간주하고 남성 혐오, 남녀 분리주의, 여성 우월주의, 이성 간 결혼 거부 등을 부르짖는 급진적 페미니즘의 특질은 레즈비언 페미니즘과 유사하다.

　나는 레즈비언 페미니즘을 급진적 페미니즘의 한 분파라고만 규정하기에는 너무도 큰 영향력을 미치고 있다고 생각한다. 이창신의 『미국 여성의 역사, 또 하나의 역사』는 이렇게 언급하고 있다.

　"급진적 여성해방론자들은 20여 년간 영향력 있는 저술과 지속적인 작업을 통해 주류 여성운동의 이성애주의를 와해시켜나갔다. 1981년까지만 해도 베티 프리단은 레즈비어니즘을 페미니즘의 이단아라는 의미에서 '라벤더 청어lavender herring'라고 불렀다. 그러나

1980년대 말에 여성 조직 내에서 게이 권리운동과 레즈비언 활동가의 정치적 세력이 증대하자 이런 태도는 변화되었다. 1988년 전국여성학회 연례회의에서는 최초로 레즈비언 연구에 관한 본격적인 토론회가 열렸다. 1989년 NOW National Organization of the Women, 전국여성협회는 최초의 전국레즈비언대회를 조직했고, 전미여대생협회의 전국대회는 이 최초의 레즈비언 대회를 인정했다. NOW는 더 이상 레즈비언들을 회원에서 배제시키지 않고 성적 성향을 문제 삼지 않음으로써 더 많은 회원을 확보할 수 있었다."[23]

한국은 미국식 급진적 페미니즘에 경도되기에는 모든 면에서 다른 사회 양상을 지니고 있다. 미국의 국토 면적은 남한의 약 98배에 달한다. 미국은 이민자로 이루어진 국가다. 다양한 인종들로 구성되어 언어, 문화, 민족성, 전통 등 차이가 심하며, 특히 개인주의가 발달했다. 이민자들은 각자의 민족적 전통 방식대로 미국 사회에 뿌리내리고 살아간다. 국가의 구성이 한국과는 완전히 다르다.

따라서 미국 사회의 문제와 한국 사회의 문제는 본질적으로 차이가 크다. 미국의 급진적 페미니즘은 미국 사회의 다양한 인종의 여성들이 처한 문제를 반영한 사회운동이다. 한국 페미니스트들이 무분별하게 수입해서 한국 사회에 적용하는 것은 바람직하지 않다. 또한, 미국 페미니즘은 이미 정치적 이익집단이 된 레즈비언과 게이들의 영향력 아래 놓여 있다.

이런 미국적 특성을 헤아리지 않은 채 미국 페미니즘을 한국에 들여온 게 오늘날 한국의 급진적 페미니즘 현상이다. 그보다는 양성평등 가치가 중심부에 굳건히 자리 잡은 유럽의 페미니스트 운동이 오히려 한국 실정에 잘 맞고 옳은 방향이라 생각한다.

2015년 남성 혐오 인터넷 사이트 메갈리아가 활동할 당시, 그들이 사용하던 온갖 남성 혐오 용어의 시작점을 찾다 중요한 대목을 발견했다. 이미 2013년에 어느 레즈비언 인터넷 사이트에서 똑같은 남성 혐오 용어를 메갈리아보다 먼저 사용했다는 사실을 알게 되었다. (현재 이 사이트는 존재하지 않는다.) 그러니까 메갈리아를 거쳐 워마드에 이르기까지 회원들이 은어로 사용하는 남성 혐오 용어들을 이미 수년 전에 레즈비언들이 쓰고 있었다.

심각한 문제는 이러한 급진적 페미니즘 관점에 너무 사로잡힌 얼치기 페미니스트들이 이것이 마치 길이요, 진리인 양 받아들이길 강요하며 점점 매카시즘적 경향으로 흐르고 있다는 것이다. 매카시즘적 페미니즘은 소셜미디어를 통해 극단적인 사상으로 전파되고 있다. 이런 현상이 얼마나 갈 것이라고 믿는가?

정체성 정치

21세기 기술의 혁신은 상상하지도 못했던 차원이 다른 세계로 우리를 이끌어가는 중이다. 인공지능, 로봇공학, 사물인터넷 등의 새로운 기술은 지금까지 인간이 학습해왔던 이념, 철학, 도덕관, 윤리관까지 바꾸어놓을 것이다. 그런데도 한국 페미니즘은 퇴행을 고집한다. 40여 년 전 미국의 급진적 페미니즘인 여성을 희생자로 규정한 방식에서 빠져나오지 못하고 있다. 점점 변질되어가는 시대착오적 페미니

그 페미니즘은 틀렸다

즘은 이제 종말을 고해야 할 때다.

페미니즘은 우파도 좌파도 아니다. 엄밀히 말해 페미니즘은 '정체성 정치' 운동이다. 당파성을 띠거나 정치적 이념이 중심에 있는 것이 아니라 페미니즘의 위상과 이익을 위한 정치적 실천운동이다. 동성애 운동 또한 정체성 정치의 대표 형태다. 페미니즘은 여성만의 권익을 위한 운동이기 때문에 우파 혹은 좌파에 속하지 않으며 우파가 될 수도 있고, 좌파가 될 수도 있다. 페미니스트들이 좌파와 연대해온 전통은 있지만, 현대 페미니즘은 이미 좌파와의 관계가 예전 같지 않다. 여러 좌파 언론들은 페미니즘을 좌파의 전유물처럼 여기고 페미니즘의 창구 역할을 하지만, 이제 착각에서 벗어나야 한다.

현대 급진적 페미니즘이 성 전쟁에 몰두하고 있는 동안 빈곤의 덫에 갇힌 여성들의 삶은 이들 눈에서 사라져버렸다. 페미니즘이 대다수 여성의 삶과도 동떨어졌다.

누구를 위한, 무엇을 위한 페미니즘인가? 공동선을 위한 성평등주의가 그렇게 어렵다는 말인가! 마지막 불꽃이 더 강하게 타올라 결국 꺼지듯 페미니즘의 마지막 화력이 우리 사회를 휘젓고 있다. 페미니즘에서 해방될 시간이다.

2장

약자
그리고
피해자라는
갑옷

페미니스트들이
말하지 않는 것들

아시아 최고 수준의 성평등 사회

한국이 UNDP 발표 2015년 기준 '성불평등지수'에서 아시아 최고 수준인 1위와 세계 10위를 기록했다. 지수로만 보자면 한국이 아시아에서 첫 번째로 세계에서 열 번째로 성평등을 이룬 나라라는 뜻이다. 이 내용은 2017년 3월 21일에 발표되었고 한국여성정책연구원은 다음날인 3월 22일 홈페이지에 발표 자료를 게시하였다. 한국여성정책연구원은 정부 출연 연구 기관이다. 최고 수준의 성평등 국가를 이루었다는 획기적인 성과가 나왔는데도 어찌 된 일인지 여성계는 조용히 넘어갔다. 세간에 알려지지도 않았다.

그렇다면 한국이 세계 최고 수준의 성평등 국가를 이루게 된 배경은 무엇일까? 우리나라만큼 가부장제가 빠르게 무너진 나라도 없다. 이 사실은 서구에서도 인정한다. 오랫동안 남아선호사상이 매우 높았던 나라였으나, 이 또한 유례를 찾아볼 수 없을 정도로 빨리 사라

졌다. 오히려 눈에 띄게 가모장제 사회로 점차 진행되고 있다고 느껴
질 정도다. 주위를 돌아봐도 가정의 경제권, 소비권, 자녀 양육 주도
권, 집안 대소사 관련 결정권, 자녀 교육권 등에서 가모장제 가정이
라고 해도 무방한 가구가 흔하다. 이처럼 단기간에 성평등 수준을 최
고로 높인 나라를 세계 역사상 찾아보기 어렵다.

여성을 우대하고 배려하는 정책

그동안 우리나라는 여성 우대, 여성 배려 정책을 적극 시행하였다.
'여성부'가 존재하는 나라는 전 세계에서 둘 뿐이다. 뉴질랜드와 대한
민국이다. 여성단체도 활성화되어 있다. 현황을 보면 중앙부처 산하
138개, 시·도 지방자치단체 601개, 총 739개 단체가 정부와 지자체
예산의 도움을 받아 운영되고 있다. 전국적으로 개별 성격을 가진 여
성단체 수까지 모두 합치면 약 3,000개가 넘는 것으로 추산된다.

여성 전용 서비스 또한 매우 다양하다. 대략 꼽아도 여성 전용 주
차장, 지하철 여성 배려칸(부산지하철 1호선), 여성 전용 암병원, 여성
전용 흡연실(고속도로 휴게소 대부분), 여성 기업 전용 공단(인천 남동공
단) 등이 있다.

특히 서울시의 경우 여성 배려 정책에 있어서 압도적이다. 예를 들
어 근로 여성 임대아파트, 여성 전용 기숙사형 주택, 여성 안심 콜택
시 호출 서비스가 포함된 여성 전용 여행 '스마트앱' 보급 등의 정책
을 펼쳤고 여성 안심 택배 서비스 무인 보관함을 서울시 전체 190곳
에 설치하기도 했다. 세계에서 가장 앞선 여성 배려 서비스 시행으로

짧은 기간 내에 여성 권한 강화를 구축하였다. 이러한 여성 배려 정책 등이 UNDP 성평등 순위가 2014년(23위)보다 13단계 상승하게 되는 요인으로 작용하였다고 생각한다.

여성의 지옥을 믿고 싶은 사람들

강단 페미니스트를 포함한 페미니스트 진영과 여성단체들은 절대 UNDP의 발표를 인용하지 않는다. 아예 입에 올리지도 않는다. 어쩌면 부인하고 싶은지도 모른다. 마치 카산드라의 진실처럼! 그 대신 그들이 즐겨 인용하는 지표가 있다.

세계경제포럼WEF, 즉 다보스포럼 발표 2016 '성격차지수'에서 한국은 144개 나라 중 116위를 기록했다. 아프리카 빈국 르완다가 5위에 랭크되었다. 어떻게 이런 차이가 생길 수 있을까? WEF 조사는 단순히 성별 격차만 측정한 것으로 건강 지표, 교육 수준, 삶의 질 수준보다 남녀 격차만 대상이기 때문이다. 그리고 다보스포럼은 세계 경제를 논하는 국제민간회의로 UNDP의 전문성과는 차이가 크다. 다보스포럼의 성평등 집계는 문제가 많아 신뢰성이 떨어지는 자료다. 그런데도 페미니스트들은 다보스포럼 성평등 순위만 언급하고 UNDP 발표 내용은 함구한다.

UNDP 발표대로라면 이미 우리나라는 아시아 1등, 세계 10등인 성평등 선진국이므로 이미 기득권 이익단체가 된 페미니스트 진영의 동력이 상실될 것을 우려했기 때문일까? 아니면 남성 혐오 인터넷 사이트 메갈리아-워마드를 불쏘시개 삼아 이들을 새로운 페미니즘 기수로 내세워 페미니즘팔이로 존재감을 입증했기 때문에 진실을 인정하기 어려운 것인가?

UNDP 발표는 전 세계 188개국 대상으로 한 것으로 한국은 10위다. 스위스(1위), 덴마크(2위), 네덜란드(3위), 스웨덴(4위), 아이슬란드(5위), 노르웨이(6위) 순이다. 아시아를 보면 싱가포르(11위)와 일본(21위)이 우리나라 뒤를 따른다. 이 순위로 보면 한국의 성평등 수준은 북유럽 국가 수준에 근접했다. G20 국가 중에서는 독일 다음이 우리나라다.

성평등지수는 UNDP가 각국 성불평등 정도를 측정하기 위하며 주요 3분야로 나뉘어 검토한다.

—생식 건강: 출산 10만 명당 사망하는 여성의 수
—여성 권한: 중등교육 이상 교육받은 여성 비율(한국은 88.8%)
—노동 참여: 여성 경제활동 참여율(한국은 50%)

이런 객관적인 자료를 바탕으로 UNDP의 성평등 순위가 결정된다. 그러나 페미니스트 진영은 "가부장제가 문제다" "남성은 잠재적 범죄자다" "여성 혐오가 공기처럼 떠돈다" "여자에게는 지옥 같은 나라다" "시선 강간이 벌어진다" 등과 같이 말한다. 이는 사회 불안을 조장하고 끝없는 남녀 분리주의를 주장해 혐오 사회를 만들어 공동체를 해치는 행위다.

우리는 여성과 남성이 평등하고 자유롭고 서로 존중하며 협력하고 연대하는 사회에서 함께 살기를 바란다. 아시아 최고 수준 성평등 국가라도 실질적인 성평등이 이루어졌다고 볼 수는 없으므로 더욱 진전시켜나가야 할 것으로 믿는다.

대한민국의 성평등은 아시아 최고이며 세계 10위다. 명실상부한 성평등 실현 국가다. 페미니스트들이여, 현실을 인정하고 부디 자부심을 가지길!

여성의 폭력은
존재하지 않는가?

여성들 간의 계급 차별과 폭력

페미니스트들이 결코 말하지도 문제 삼지도 않는 사회문제가 있다. 바로 여성 폭력이다. 즉 여성이 여성에게, 여성이 남성에게 가하는 폭력과 억압, 착취, 차별 그리고 성희롱, 성폭력이다. 악당만큼 악녀도 많은 세상이다.

　여성이 여성에게 저지르는 계급 차별과 폭력의 대표 사건이 2017년 2월에 벌어졌다. 서울의 한 대형병원 간호사가 스스로 목숨을 끊은 사건이다. 자살 동기는 간호사들 사이에 은밀하게 형성되는 '태움 문화'라 알려졌다. 재가 될 때까지 태운다는 뜻을 가진 '태움'은 선배 간호사가 신입 간호사를 왕따나 폭언과 폭력 등 정신적·육체적으로 괴롭히는 행위로 병원 내 조직 문화의 병폐로 알려져 있다. 간호사는 여성 비율이 90%에 달하는 직업이다.

　의료 분야라는 특수성으로 과도한 업무량과 강도에 의한 직업적인 스트레스가 크다는 점을 고려하더라도, 여성들이 대부분인 간호사 조직 문화는 여성이 여성에게 가하는 폭력을 간과할 수 없다는 점이 특징이다.

일반 직장도 마찬가지다. 여성의 수가 많은 곳에서는 교묘한 방법의 괴롭힘이 난무한다. 모함, 험담, 따돌림으로 여성이 여성을 희생자로 만드는 일이 허다하다. "여성의 적은 여성"이라는 말은 진부하지만, 부인할 수 없는 사실이다. 여기에는 질투와 시기심으로 빚어진 일이 많은 부분을 차지한다. 직장에서 동료 여직원을 왕따시키기 위해 남자 직원을 자기편으로 끌어들이고 합세하여 괴롭히는 사례도 드물지 않다. 이것은 실제로 내가 경험한 유형이기도 하다.

페미니스트들은 직장을 포함한 모든 조직에서 일어나는 여성들 간의 계급 차별을 절대 주목하지 않는다. 남성이 여성을 억압하는 일에만 전력하지 여성이 여성을 계급으로 억압하는 것에 대해서는 모른 척한다.

약자와 피해자의 폭력은 존재하지 않는다는 편견

페미니스트들은 여성의 폭력에 대해서는 비판하지 않는다. 그 이유는 여성을 사회적 약자로 규정했기 때문이다. 여성은 언제 어디서나 희생자일 수밖에 없다. 그래서 남성의 범죄와 폭력을 고발하고 남성이 여성에게 가하는 억압을 수면 위로 올리는 일이 페미니스트들의 사명이라고 여긴다.

페미니스트들은 여성이 여성을 차별하고 억압하는 행태는 대수롭지 않게 여긴다. 더욱이 여성이 남성을 대상으로 저지르는 폭력과 성희롱, 성폭력은 논할 가치가 없는 일이라 무시한다. 여성 비율이 높은 직업 세계에서 여성 상사들이 남성 직원에게 행하는 성희롱 문제가 가끔 언론에 보도되지만, 단발성 뉴스에 그친다.

2017년 12월에 있었던 일이다. 충청북도의 6급 여성 공무원이 부하 직원을 상대로 잦은 성희롱 발언을 하다 문제가 되어 7급으로 강등되었다. 해당 여성 공무원은 징계를 받았지만, 여성들의 성희롱, 성적 농담 역시 일상사로 흔한 일이다.

TV 방송 프로그램에 남자 아이돌 가수나 배우가 출연하면 여성 출연자들이 "복근 좀 보여달라" "와, 초콜릿 복근이네!" 등과 같이 말하는 게 드물지 않다. 그리고 머뭇거리는 젊은 남성 출연자의 상의를 강제로 벗기거나 신체의 특정 부위를 만지기도 한다. 논란이 번지자 이런 행위를 한 여성 출연자가 사과문을 올리는 일도 있었다.

남성이 여성에게 이러한 말이나 행위를 했다면 성희롱과 성추행으로 극심한 비난을 받는다. 하지만 여성이 남성에게 하는 행동은 관대하게 받아들인다. 똑같은 언행에서 남성은 문제로 삼고 여성은 괜찮다는 식은 명백한 이중적인 잣대다.

요즘 이른 나이에 퇴직한 남성들이 집 안에서 그야말로 유령인간 취급을 받는 경우가 허다하다. 내 주변에서 실제로 일어나는 사례들이다. 55세에 명예퇴직을 한 남성은 이미 남편과 아버지로서의 존재가 끝났다고 한다. 아내는 물론 자녀까지 가담하여 소외시켰다. 가정 내의 일에 대해서 논의 대상에서 제외하고 그를 삼시 세끼 밥이나 축

그 페미니즘은 틀렸다

내는 사람으로 여겼다. 이는 분명한 정신적 폭력 행위다. 물론 이 남성에게도 문제는 있다. 직장생활만 했지 인생 2막에 대한 대비나 친구 관계, 사회적 네트워크를 형성하지 못했다. 그 결과 등산복 차림새로 산으로 들로 배회하는 일이 일상사다. 황혼 이혼에 대한 두려움을 안고서 말이다.

경제력을 상실하거나 경제권을 아내에게 넘긴 채, 아내에게 매 맞는 이른바 백수 남편도 빠른 속도로 증가하고 있다. 2014년 기준으로 경찰에 신고된 남편 대상 가정 폭력은 1,100건으로 2013년 830건보다 1년 만에 32% 늘어났다. 폭력 아내 신고 건수도 2014년 2,230건으로 2009년 850건에서 계속 증가하고 있다.[24]

또한, 남성 상담 센터 '한국남성의전화' 자료에 의하면 상담소를 찾는 남성의 수가 크게 증가한 현상을 보이는데, 아내의 폭력이 2013년 813건 상담이었으나 2015년에는 1,394건으로 2년 새 72% 늘어난 수치를 보였다.[25] 한국가정법률상담소 역시 가정 폭력 행위자가 여성인 비율이 10년 동안 2배 이상 늘었다고 한다.

악마 남성에 저항하는 천사 여성의 이미지

페미니스트들은 여성이 남성에게 가하는 폭력이나 성희롱, 심지어 성폭행까지도 대수롭지 않게 여긴다. 남성의 범죄에 비하면 빙산의 일각에 지나지 않는다는 식으로 치부해버린다. 과연 그래도 되는가? 프랑스의 철학자이자 페미니스트인 엘리자베트 바댕테르는 급진적 페미니즘을 비판한 저서 『잘못된 길: 1990년대 이후의 급진적 여성운동에 대한 비판적 성찰』에서 여성 폭력에 대해 다음과 같이 말했다.

"페미니스트들이 여성에게 가해진 남성 폭력을 공권력에 고발하는 것은 그녀들의 의무이자 명예가 된다. 그간 무시되었거나 잘 알려지지 않은 행위들을 밝혀내는 것은 사회과학자들의 임무다. 그런데 남성에게 가해지는 여성 폭력에 대해서는 생략하거나 침묵한다면, 이것은 절대 공평하지 않다. 여성 폭력의 존재를 인정한다고 해서 남성 폭력의 심각함을 감소시키는 것은 결코 아니며, 남성 폭력을 저지해야 한다는 생각이나 여성 피해자를 도와야 하겠다는 생각이 줄어드는 것도 아니다. 다만, 자연적인 만큼이나 교육에 의해서도 형성된 우리의 약점들을 더 잘 극복하기 위해서는 악마로 상징된 남성에 저항하는 천사 같은 여성의 이미지로부터 벗어나야 한다. 한편 여성의 폭력과 권력 남용을 조직적으로 무시하고 여성이 남성으로부터 억압받기 때문에 순수하다는 주장을 너무도 많이 한 나머지, 우리는 실상과는 전혀 맞지 않는 두 개로 나뉜 공허한 인간상을 그리게 되었다. 한쪽에는 남성적 억압의 희생자(여성), 다른 한쪽에서는 절대권을 행사하는 가해자(남성)를 그리게 된 것이다. 이런 상황에 맞서 점점 더 많은 페미니스트들이 악의 근원인 남자의 성을 공격하고 있다."[26]

그리고 "독일 정부 통계 자료에 의하면, 가정 폭력 사례 중 5~10%는 아내가 남편을 구타한 경우다. 따라서 베를린 시청은 구타당한 남편들을 위한 보호소를 열어야만 했었다"[27]고 언급했다.

매 맞는 남편은 우리나라나 서구나 똑같이 생기는 피해자다. 여성의 폭력이 남성 폭력보다 비율이 낮을지라도 법은 평등하게 적용되

        그 페미니즘은 틀렸다

어야 한다. 남녀 성별 관계없이 폭력 행위는 정당화될 수 없다.

남성이 피해자인 성폭행 사건도 큰 폭으로 증가하고 있다. 대검찰청이 매년 발간하는 「범죄 분석」에 따르면, 남성이 피해자인 성폭행 건수는 2010년 702건에서 2014년 1,375건으로 5년 동안 195%나 늘었다고 한다.[28] 국외 뉴스에 따르면, 영국에서 성폭력을 당한 남성이 여성 피해자를 추월했다는 통계 자료가 소개된 바 있다.

페미니스트계는 여성의 다양한 폭력 양상을 관대하게 받아들였다. 여성이 신체적 약자임을 내세워 사회적으로 용인해왔다. 하지만 점차 늘어나는 여성 폭력 문제의 심각성을 묵과해서는 안 된다.

이미 무너진
가부장제

변하지 않는 구호

가부장제 해체! 여성해방! 21세기에도 여전한 페미니스트 진영의 핵심 표어다. 국내에서 빈번한 페미니즘 관련 세미나와 학습 모임에서 빠지지 않고 등장하는 것이 첫 번째 주제다. 언제나 가부장제, 가부장제, 가부장제…. 도대체 가부장제가 무엇이 문제라는 말인가.

주변을 돌아보면, 특히 중산층 가정은 이미 가모장제이거나 서서히 가모장제로 변하고 있다는 것을 알 수 있다. 그런데도 페미니스트들은 가부장제 타파가 1순위다.

가부장제 개념은 언제부터 페미니즘 담론에 포함되었을까? 가부장제라는 용어의 본격적인 등장은 68혁명이라 불리는 1968년 봄부터 일어난 사회저항운동의 발생과 궤를 함께한다. 1968년 봄, 파리 소르본대학의 격렬한 학생 시위를 기점으로 젊은이들의 저항이 전유럽으로 퍼져나갔다.

그 페미니즘은 틀렸다

'청년 저항운동' '청년 반란' 등으로 불리는 68혁명 당시는 세계적 격랑이 이는 시기였다. 베트남은 미국의 군사 개입으로 끝없는 전쟁의 수렁으로 빠져들었고 미국에서 반전운동이 확산되었다. 또한, 아프리카계 미국인 민권운동도 절정으로 치닫고 있었다. 학생운동은 새로운 국면을 맞아 다양한 의제를 내세우며 구세대의 기존 질서에 저항하는 신좌파 학생으로 발전했다. 권위에 대한 저항, 인종 차별 반대, 성적 억압 타파를 내세운 문화적 혁명운동이었다. 이러한 저항운동의 일환으로 페미니즘 제2물결에 해당하는 급진적 페미니즘의 흐름이 생겨났다.

1970년대 초 마르크스주의를 페미니즘 시각으로 재해석하는 작업도 활발하게 일어나며 가부장제에 주목하였다. 마르크스주의 페미니즘은 자본주의는 가부장제를 토대로 하고 있기 때문에 가부장적 자본주의를 타파해야 한다는 것을 주요 이론으로 삼았다. 급진적 페미니즘은 가부장제 개념을 적극 받아들여 여성 억압을 곧 가부장제로 해석하였다. 가부장제를 남성이 한 집 안의 가장으로서 경제적 주도권과 권력으로 여성을 지배하며 나아가 정치·경제·사회 모든 영역에서 '남성이 여성을 억압하는 제도'로 규정했다.

급진적 페미니즘은 남성이 세상을 지배하며 여성의 삶을 개인적으로나 사회적으로 통제하는 것이 일상이므로 가부장제 해체가 여성해방의 관건이라고 보았다. 미국의 페미니스트 이론가인 케이트 밀렛은 『성性의 정치학』에서 가부장제가 여성 억압의 원천임을 주장하며 이를 급진적 페미니즘의 주요 원리로 삼는 데 결정적인 영향을 끼쳤다.

급진적 페미니즘의 일부 분파는 결혼을 거부함으로 가족제도 해체를 통해 가부장제에 저항하는 길을 선택했다. 국내의 일부 급진적 페미니스트도 이런 경향을 보인다. 또한, 가부장제가 여성을 성적으로 착취한다는 데 맞서 낙태할 권리를 주장했다. 포르노, 매매춘 문제에 대한 적극적인 개입도 급진적 페미니즘의 주요 실천운동이었다.

급진 페미니즘의 낡은 담론

급진적 페미니즘의 흐름은 사회적으로 실질적인 성과를 얻고 발전을 이끌어낸 부분도 분명히 존재한다. 하지만 1970년대 후반 들어 여러 분파로 파편화되어 쇠퇴기를 맞았다. 급진적 페미니즘은 대학교 내 여성학으로 옮겨와 둥지를 틀었다. 급진적 페미니즘 이론은 여성학을 중심으로 여전히 가부장제 해체, 여성해방론 담론에 머무르고 있는 것이다.

요즈음의 가부장제 해체, 여성해방 구호도 급진적 페미니즘 흐름의 연장선에 있다. 페미니스트들은 가부장제는 갈아엎어야 할 대상으로 여긴다. 그러나 과거에는 가부장적인 사회였지만, 현재는 가부장제가 쇠퇴한 지 오래고 그나마 추락 중이다. 사회는 크게 변하였다. 경제적·문화적으로 변했고 무엇보다 남성들이 변했다. 남성적 특성이 우위를 점하던 시대는 막을 내렸으며 이미 남성은 종이호랑이로 전락하였다 해도 과언이 아닌 시대다. 남성이라고 해서 전부 가부장적이지 않을뿐더러 오히려 종속적인 처지에 놓인 남성들도 무수히 많다. 수많은 노동계층의 남성들이 가부장적이던가?

가부장제는 싸울 만한 실체인가?

문화체육관광부의 「2016 한국인의 의식 가치관 조사」에 따르면, 가정 내 의사결정권 보유율에 있어 아버지 11%, 어머니 44%로 여성 쪽이 월등히 앞서 있다. 부모 봉양, 주거 문제, 생활비 지출 등의 결정권을 여성이 행사하는, 말하자면 가모장제 구조에 오히려 가깝다. 일자리 중 여성이 절반 가까이를 차지한다. 50대 이상 여성들의 취업률은 늘어도 같은 연령대 남성 일자리는 줄었다. 이는 국내나 미국이나 비슷한 현상이다. 우리나라는 가부장제 사회였음은 분명한 데다 남아선호사상 또한 세계를 놓고 보아도 유례없이 심했으나 이 또한 유례없이 빨리 무너졌다.

페미니스트들은 과거 페미니즘 개념인 가부장제 타파를 금과옥조처럼 여기는데 이는 시대착오적이다. 가족이 얼마나 해체되기를 원하는가? 페미니스트들은 가부장제 신화부터 해체해야 한다.

페미니스트가 아니면
성차별주의자?

둘 중 하나를 고르세요

국내 페미니스트들은 극단적 이분법을 쓴다. 페미니스트가 아니면
'성차별주의자'라는 딱지를 붙인다. 심지어 페미니즘을 비판하는 이
들에게 '일베'라고 부르기도 한다. 페미니스트들의 활동 방식이 점점
매카시즘적 경향으로 흐르면서 특히 소셜미디어에서 주로 활동하는
넷페미니스트은 "페미니스트가 아니면 성차별주의자"라는 외침을
통해 이분법을 공고히 하고 있다.

'성차별sexism'은 비교적 최근에 생겨난 단어로 알려져 있다. 페미니
스트 진영은 섹시즘을 주로 여성에 대한 차별과 억압으로 남성이 지
배를 유지하는 것으로 규정한다. 물론 직장에서부터 우리가 일상적
으로 사용하는 언어에 이르기까지 성차별이 존재한다. 하지만 남성
이 특권을 누리던 과거와 달리 성차별은 남성과 여성 모두 겪고 있는
문제다. 예컨대 남성만이 병역 의무를 지는 것은 성차별이다. 남성 공

그 페미니즘은 틀렸다

무원이 여성 공무원보다 야간 숙직을 전담하는 비율이 압도적으로 높다. 여성 공무원의 수가 남성 공무원 수보다 더 큰 기관이나 자치구도 있지만, 야간 숙직은 남성이 전담한다. 교육의 기회는 여성들이 더 누리는 추세다. 미국 대학의 경우, 여성 대학생 비율이 남성을 추월한 지 오래다. 한국의 대학은 현재 남학생 비율이 조금 높은 편이지만 머지않아 역전될 추세다.

성 간의 고정관념이나 성차별, 성불평등, 성별 편견은 우리가 지속해서 진전시켜나갈 과제다. 페미니즘은 여성과 남성이 평등해지도록 하는 사회운동이다. 여성과 남성의 지위를 동일하게 하는 정치적 실천운동이다. 이런 페미니즘의 목표를 실현하기 위한 운동을 하면서 페미니스트가 아니면 성차별이라는 낙인을 붙이는 건 지극히 잘못된 방법이다. 오랜 기간 여성운동을 해왔어도 페미니스트가 아닌 사람도 허다하며 여성단체라고 해서 반드시 페미니스트 단체도 아니다. 그렇다면 이들도 성차별주의자인가?

페미니스트의 성차별

페미니스트들이 과도한 피해의식에 사로잡혀 무차별 남성 혐오로 일관하고 극단적 행위를 일삼는 것을 비판하는 게 성차별이라면, 비판을 수용하지 못하는 페미니스트들의 태도에 문제가 있는 것이다. 건강한 비판을 성차별주의로 몰아가는 행위는 옳지 않다.

오히려 페미니스트들이야말로 성차별을 하고 있지 않은지 물어야 한다. 여성이 여성의 입장에서, 남성이 남성의 입장에서 성차별 사례를 들라면 끝이 없다. 개인마다 각자의 원칙과 가치를 가지고 있으며, 이들은 모두 사회 구성원이기도 하다. 개인의 가치와 목표를 실현하기 위해 사회 구성원으로서 능력을 발휘하면서 살아간다. 남녀의 성차별 해소를 위해 사회적 합의 정신을 실현하고 성평등 사회로 나아가는 것이 무엇보다 중요하다. 노르딕 국가들이 그 모델이 될 수 있다.

사람은 모두 똑같지 않다. 동일한 방식으로 살아갈 수도 동일한 이념을 가질 수도 없다. 모두가 페미니스트가 될 수 없다. 그러니 페미니스트가 되어야 한다고 요구해서는 안 된다. 페미니스트가 아니면 성차별주의자라는 딱지를 붙여서도 안 된다.

페미니즘이 여성과 남성이 평등해지도록 하는 사회운동이라 말하면서 페미니스트가 아닌 사람에게 성차별주의자라는 비난을 일삼는 것은 평등 개념에 대한 훼손이다. 사회운동은 언제나 정당해야 한다. 페미니즘으로 여성의 권한 강화를 실현하겠다면, 성차별주의자라는 낙인찍기와 악당 만들기로 사회적 설득과 동의를 얻을 수 있는지에 대해 깊은 성찰해보아야 할 것이다.

그 페미니즘은 틀렸다

부활한 문화 검열:
힙합, 여혐 혐의를 받다

페미니즘이라는 이름의 문화 검열권

"내 아를 낳아도!" 십수 년 전 한 TV 개그 프로그램 인기 코너의 유행어였다. "나와 결혼해줄래?"를 경상도 사투리로 희화한 말이다. 이때 "내 아를 낳아도!"가 대단한 유행어로 번졌고 전국적으로 구애의 표현이 되기도 하였다.

그렇다면 페미니즘이 활황을 맞고 있는 이 시기에 코미디언이 이런 개그를 했다면 어떻게 되었을까? 아마도 당장 "여성 혐오 중단하라" "자궁이 없는 자 말하지 말라" 등 페미니스트 진영 특유의 여성 혐오론을 불거져 대대적인 규탄 대상이 되었을 것이다. 특히 소셜미디어상에서 발언 당사자 개그맨이 조리돌림을 당하다가 급기야 부적절한 표현이었다는 사과 발언까지 이어지리라는 예상이 충분히 가능하다.

이런 상황을 의식해서인지 남녀를 소재로 한 코미디 프로그램에서 풍자적 유머를 찾아보기 어렵게 되었다. 웃음의 소재가 메말라가는 데도 유머와 위트마저 페미니스트 진영의 검열을 의식해야 할 처지에 놓인 것이다.

이미 수년 전부터 힙합 음악의 가사를 두고 힙합계와 페미니스트 진영과의 갈등이 이어지고 있다. "힙합은 모두 그렇고 그런 말 한 보따리다." 미국 힙합계의 구루로 불리는 어떤 이가 했다는 이 말만큼 힙합을 잘 표현한 것이 있을까.

국내 페미니스트 진영과 힙합 가수들과의 가시 돋친 언쟁이 온라인에서 계속 이어지고 있다. 페미니스트, 여성단체가 랩 가사에 담긴 여성 비하, 여성 혐오 표현을 골라내어 실력 행사를 하는 중이다. 랩 가사를 둘러싼 여혐 충돌은 수년째 계속되다 최근 들어 더욱 가열되고 있다.

말 그대로 "힙합은 모두 그렇고 그런 말 한 보따리"라고 볼 수 있는데, 랩 가사 하나하나에 검열 잣대를 들이대면서 색출하는 것이 의미가 있을까. 힙합의 특질은 원래부터 비난과 욕설, 설교가 난무하고 거리의 삶 등을 노래하는 장르 아니던가.

2017년에 일어났던 여혐 논란을 하나 보자. '중식이 밴드'라는 그룹이 주인공이다. '중식이 밴드'는 정의당 총선 테마송 협약을 맺고 활동하기로 했다. 하지만 그들이 이전에 불렀던 곡 중 상당수가 성차별, 여혐 가사라는 항의가 정의당 내 페미니스트 그룹과 여성단체로부터 불거져나왔다. 결국 '중식이 밴드'는 사과문 성격의 해명 글을 쓰고 물러나야 했다.

　　　　　　　　　　　그 페미니즘은 틀렸다

문제가 된 곡들의 가사를 보았는데 페미니스트 진영이 주장할 만한 여혐 내용은 아니었다. 이렇게 대중음악 가사를 검열하기 시작하면 끝이 없는 논란이 이어질 뿐이다. 또한, 여론의 눈치를 보며 자기 검열을 하느라 창작열이 위축될 소지가 다분하다.

우리나라의 가요 검열 역사는 오래됐다. 일제강점기 당시에도 금지곡이 있었다. 그 절정기는 박정희 군사정권 시절이었던 1975년의 긴급조치 9호였다. 그때 퇴폐 풍조 조장, 사회 질서 문란으로 판정받은 곡이 200곡이 넘었으며, 해당 가수들의 활동이 중단되는 사태를 맞았다. 이는 음악 산업의 다양성 위축과 창의성 저하로 이어졌다. 그 시절 대중가요 검열이 정권 차원에서 진행됐다면 오늘날에는 페미니스트 진영 주도로 검열이 이루어진다는 뼈아픈 목소리가 나온다.

아티스트를 검열하지 마세요

힙합을 포함한 음악 산업의 본질은 결국 '음악으로 돈을 버는 것'이며, 대중문화 생산 패턴, 테크놀로지 발전과 창의성이 결합하는 것 아닌가. 그런 본질을 고려해서 음악의 소비자로서 각자의 취향대로 대중음악을 즐기면 된다.

힙합계를 강타한 여혐 논란으로 많은 래퍼가 여혐 혐의를 받게 되었다. DJ DOC는 2016년 연말 광화문 촛불집회 문화제에서 같은 이유로 공연 무대에 오르지 못했다. 그리고 인기 힙합 래퍼 여러 명이 여혐 가사 논란으로 페미니스트 진영의 리스트에 올라 갈등이 증폭되고 있다.

말이 나온 김에 힙합에 관해서 이야기해보자. 나는 1970년대 초부터 약 1985년까지 이어진 팝의 황금기를 누린 세대로 주로 정통 대중음악 취향이다. 힙합은 즐겨 듣지도 않거니와 나의 취향과는 거리가 먼 장르다. 하지만 1980년 초 시작된 힙합의 발발은 자못 충격적이었다. 힙합은 흑인 예술이며, 오래된 역사를 가지고 있다. 흑인들이 족쇄를 차고 노예로 팔려와 자신들의 온갖 삶을 구두(토스트라고 한다)로 주고받으며 읊조리는 스타일에서 나왔다. 흑인들에게는 새로운 음악도 아닌 생활의 일부다.

나는 미국 대중음악의 슈퍼스타인 프린스의 팬이다. 내가 최초로 인상적으로 들었던 랩도 프린스가 작사·작곡하고 샤카 칸에게 준 「I feel for you」다. 이 곡은 랩으로 인트로가 시작하는 곡으로 팝 차트 3위까지 오르며 랩의 전성기를 열었다.

뉴욕 출신 힙합 그룹 퍼블릭 에너미의 등장은 지금도 뚜렷하게 기억에 남아 있다. 큼지막한 안경에 자명종만큼 큰 시계를 목에 걸고 걸쭉한 목소리로 속사포 랩을 불러대던 모습은 충격적이었다. 퍼블릭 에너미는 주로 정치적인 랩을 구사했지만, 곧이어 갱스터 랩이 떠오르며 MC 해머, 아이스 큐브(닥터 드레, 스눕독) 등 힙합 밀리언셀러 시대가 열렸다. 뒤이어 서부 힙합(남캘리포니아), 동부 힙합(뉴욕)으로 나뉘어 경쟁하는 시대로 접어들었다. 여기까지가 내가 아는 힙합이다. 그래도 대중음악의 비평적 소비자로서 국내 힙합계를 포함한 힙합계 현상에 관해서 관심을 가지고 지켜보고 있다.

랩은 언어가 강조되는 음악으로 흑인들이 주로 도시 게토의 황폐한 삶을 적나라하게 표현하기에 가사가 거칠다. 시비를 걸자면 한도 끝도 없이 나오는 게 랩이다. 물론 랩 음악의 위험성을 제기하는 의견도 당연히 있을 수 있다.

그렇지만 음악 산업은 정통 대중음악의 절정기를 보내고 힙합 마케팅으로 돌아선 지 오래다.

페미니스트 진영이 래퍼들의 여혐 가사를 문제 삼는 한편에 페미니스트임을 내세우는 래퍼도 등장했다. "내가 지옥의 페미니스트다"를 외치는 래퍼 슬릭은 "메갈리아 사이트에서 깨달음을 얻었다"고 말하며 활동 중이며, 래퍼 키디비는 페미니즘 가사로 노래한다. 바로 이러한 형태가 랩 음악이다.

이런 와중에 래퍼 딥플로우가 자신의 인스타그램에 남긴 글이 인상적이다. 그는 "아티스트를 검열하지 마세요. 기호대로 소비하시기 바랍니다"라고 말했다. 나는 전적으로 이 말에 동의한다. 랩은 본래 그렇고 그런 말 한 보따리가 뿌리라는 점을 감안한다면 페미니스트 진영의 대중음악 검열은 지나치다고 볼 수 있다.

힙합을 비롯한 대중음악 또한 문화적·역사적 발전 과정의 산물이다. 대중음악의 다양한 표현을 두고 비평적 분석은 필요하겠지만, 페미니스트의 지나친 힙합 음악의 가사 검열은 정도가 지나치다. 대중음악을 마음 가는 대로 느끼며 즐기는 리스너들에게 다양하고 풍부함을 제한하는 일이다. 문화 상품을 소비하는 방식 중 하나로 존중할 필요가 있다. 힙합을 비롯한 대중음악의 가사 검열은 또 다른 족쇄임을 알아야 한다.

○○ 걸,
사라져야 할 성 상품화인가?

성 상품화의 딜레마

2018년 레이싱걸이라 불리는 '그리드 걸grid girl'이 퇴출되는 직격탄을 맞았다. 세계 최대 자동차 경주 포뮬러 원F1을 운영하는 미국 미디어 기업 리버티 미디어는 약 50년간 이어온 '그리드 걸'을 폐지한다고 공식 발표했다.

F1 측은 "그리드 걸 관행은 수십 년 동안 F1의 필수 요소라고 여겨졌지만, 우리는 이런 관습이 우리가 추구하는 F1의 가치와 맞지 않으며, 현대 사회 규범에도 맞지 않다"고 말했다. 그리드 걸은 인체의 굴곡이 드러나는 노출이 심한 의상을 입고 자동차 경주를 홍보하고 선수 이름이 새겨진 안내판을 들고 경기 안내원 역할을 했다.

F1 측이 그리드 걸 폐지의 이유로 발표한 "현대 사회 규범에 맞지 않다"는 말의 의미는 바로 끊임없이 제기된 '성 상품화' 논란에서 찾을 수 있다. 페미니스트 단체들의 스포츠 부문에 대한 여성의 '성 상

그 페미니즘은 틀렸다

품화' 문제 제기는 오래전부터 이어져왔다.

급진적 페미니즘이 주목하는 담론 중 하나가 스포츠의 남성 권력 문제다. 스포츠만큼 남성성이 압도하는 분야가 없는데, 페미니스트 계는 이를 곧 가부장제 이데올로기로 연결시킨다. 과도한 남성 권력 이 조장되는 곳이 스포츠 분야인데, 이 세계에서 여성의 몸을 대상 화하는 데 저항한다는 것이 급진적 페미니즘의 주장이다.

페미니스트 진영은 여성의 몸을 성 상품화하는 스포츠계의 관행 을 오래전부터 비판해왔다. 그 주장이 관철된 것이 F1의 그리드 걸 퇴출이다. 이를 계기로 다른 종목의 여성 경기 안내원이나 치어리더 폐지도 압력을 받을 것으로 예상된다.

성 상품화, 누가 어떻게 규정하는가?

여기서 과연 그리드 걸 같은 스포츠계 모델의 퇴출이 바람직한 것인 가에 대해 생각해볼 필요가 있다. 페미니스트들은 그리드 걸 이외에 도 복싱과 UFC의 라운드 걸이나 옥타곤 걸의 폐지에 더욱 기세를 올리게 될 것이다. 이들 외에 야구, 농구, 배구 종목의 치어리더까지 성 상품화 논란에서 자유롭지 않다. 그리드 걸 퇴출을 결정한 F1은 현대 사회 규범에 맞지 않는다고 이유를 밝혔지만, 현대 사회 규범을 누가 규정하는가에 대한 의문 또한 생긴다. 무엇이 현대 사회 규범인 가? 페미니스트들이 규정하는 사회 규범인가?

그렇다면 우리나라 국군 장병 위문 공연을 펼치는 걸 그룹 가수들 은 어떤가? 노출 수위는 결코 그리드 걸에 뒤지지 않는다. TV 방송의 걸 그룹 노출 의상은 괜찮은가? 각종 영화제 시상식에서 경쟁하듯 젖가슴을 드러내는 드레스를 입고 등장하는 여배우들은 성 상품화에서 자유로운가?

이런 논란에서 가장 주목할 점은 성 상품화 논란의 희생양이 바로 여성이라는 점이다. 하루아침에 직업을 잃고 정든 직장을 떠나야 하는 그리드 걸은 괜찮다는 것인가. 성 상품화의 도구 역할이었다는 오명을 쓴 그리드 걸의 인권은 어디에도 없는 것인가.

그리드 걸은 단순히 선수 이름이 새겨진 안내판을 들고 포즈만 취하는 역할만 맡은 것은 아니다. 자동차 경주에 대한 지식을 습득하고 모델로서 몸매 관리를 엄격히 하는 등 전문 직업인으로서 노력을 아끼지 않았다. 그런데도 성 상품화의 불명예를 안고 별안간 사라져야 할 존재인가?

각박하고 시시해지는 삶

인류의 본능 중 하나는 미의 추구다. 아름다운 얼굴과 몸매를 가진 여성은 그들을 필요로 하는 곳에서 생존해왔다. 자신이 가진 신체적 우월성을 바탕으로 직업과 명성을 얻으며 각 분야에서 두각을 드러내며 살아가고 있다. 아름다운 신체를 기반으로 일하는 업계 종사자를 '성 상품화'라 규정하여, 현대 사회 규범에 어긋난다는 이유를 들어 퇴출시킨다면 장차 실직 위기에 처하는 대상은 여성들일 것이다.

페미니즘의 은밀한 진실 한 가지는 '여성들의 권리 향상을 위해 투쟁해왔던 페미니즘이 오히려 성차별을 야기했다'는 것이다. 이것 한

가지만큼은 분명하다. 급진적 페미니즘이 기승을 부리면 부릴수록 우리의 삶은 각박해지고 시시해진다.

F1이 그리드 걸을 폐지하고 그리드 키드grid kid를 내세운다는 방침을 세웠다. 그렇다면 자동차 경주 스포츠에 그리드 키드, 그리드 보이를 쓰는 것은 성 상품화 문제, 인권 문제는 없는가.

여성의 아름다움은
억압의 족쇄인가?

예쁘면 예쁜 대로

A는 사회단체에서 직책을 맡아 열성적으로 참여하는 활동가로 머리를 길고 예쁘게 기른 여성이었다. A는 강남역 살인사건 후 페미니스트가 되었다. 페미니스트 조직에서 하는 여러 집회와 행사의 선두에서 늘 앞장섰다.

어느 날, A는 긴 머리를 자르고 삭발을 했다. 뜻을 같이한 여러 명이 동참하는 단체 삭발식에서 서로서로의 머리를 기계로 밀었다.

우연히 유튜브에서 A와 그녀 일행의 삭발식 영상을 보고 알게 된 일이다. A는 삭발 동영상이 화제가 되어 페미니스트 계열 매체 등과 인터뷰도 하였다. 페미니스트로서 결기와 의지를 서로의 머리를 차례로 밀어버리는 행위를 통해 보여주겠다는 일종의 퍼포먼스에 나선 것이다.[29]

이처럼 페미니스트로서 강한 의지를 삭발로 보여주는 여성들이 더러 있다. 여성을 보는 사회적 시선에 대한 저항, 여성은 민머리로 다닐 수 없다는 사회적 편견과 통념에 대한 도전 등과 같은 의미다.

머리를 밀고 겨드랑이털을 기르는 것이 남자들만의 특권은 아니다. 여성도 할 수 있다. 그래서 머리를 밀고 겨드랑이털을 제모하지 않고 기르는 행위가 페미니스트로서 여성해방이라 말한다. 아름다움을 강요받지 않는 것이 곧 가부장제 사회에 대한 저항이라고 말이다.

페미니스트들의 집회 현장에서 단골로 등장하는 문구가 "여성은 '꽃'이 아니다"인데, 여성은 예쁜 존재가 아닌 온전히 '나'라는 것을 의미하는 표현이다. 하지만 예쁜 여성은 예쁜 대로, 그렇지 못한 여성은 그런 대로 각자의 방식으로 살아가는 세상이다. 이러한 표어는 너무 구태의연하다.

A와 함께 단체 삭발을 한 페미니스트들은 퀴어문화축제에서 당당히 팔을 들어 겨드랑이털을 보이는 공개 퍼포먼스도 했다. 이러한 행동은 페미니스트들이 하는 공격적인 방식 중 하나다.

외모 코르셋과 꾸밈 노동

페미니스트들은 왜 아름다움을 강요받는 사회라 여길까. 여성은 머리가 길어야 하고 화장을 잘하고 외모를 꾸며 예뻐 보여야 한다고 누가 종용하기라고 했단 말인가. 여성이 머리를 기르고 화장하는 것이 남성을 의식하고 남성이 원해서 했다는 것인가?

여성이 화장하고 머리를 손질하고 외모를 가꾸는 일은 고대로부터 이어진 인간 본연의 미적 추구와 관련이 있다. 여성의 화장은 아름다워지고 싶은 욕망과 자기 충족감, 무엇보다 같은 여성들끼리의 은밀한 미의 경쟁에서 나온다.

페미니즘 전성시대 젊은 페미니스트들이 최근에 부쩍 자주 사용하는 말이 '여성의 외모 코르셋'이다. 긴 머리카락, 화장, 날씬한 몸매, 여성스러운 의상, 다이어트까지 여성을 억압하는 코르셋이라 강변한다. 그것도 남성 권력이 씌운 가부장적 코르셋이라 칭한다. 이를 가리켜 '꾸밈 노동'이라는 신조어를 만들어 통용하기도 한다. 그런데 이 말을 들을 때마다 솔직히 웃음이 나온다. '꾸밈 노동'이라니! 페미니스트들의 신조어는 감당하기 어려울 때가 종종 있다.

페미니스트들이 '여성 외모 코르셋'이라 말하는 코르셋은 서구 여성들의 전통 복식인 드레스를 입기 시작하면서부터 유행했다. 허리를 최대한 가늘게 조여야 드레스의 자태가 살아나기 때문에 드레스 유행에 따라 보정 속옷인 코르셋도 변화해왔다. 코르셋이 르네상스 시기부터 출현했다는 말도 있고 심지어 남성들이 먼저 착용했다는 설도 전해진다.

프랑스 왕 루이 14세 시절의 문화 사조인 로코코 양식은 전 유럽과 궁중 사교계 여성들을 화려함으로 이끌었다. 루이 16세의 왕비 마리 앙투아네트는 단연코 유럽 패션계의 선두주자였다. 코르셋으로 허리를 꽉 조이고 걸친 화려한 드레스와 장신구, 머리 장식은 전 유럽 여성들이 앞다투어 모방했다. 마리 앙투아네트의 머리 장식은 유명하다. 머리카락을 높이 쌓아 올려 온갖 장신구로 치장하는 형태로 가발탑이라 불렸다. 이 가발탑이 너무 높아 마차를 타면 무릎을

끓고 앉아서 가야 할 정도였다.

전 유럽 여성들의 미의 경쟁은 서로를 의식하며 유행을 창조했고 패션을 발전시켜왔다. 과거나 현재나 여성들끼리 보이지 않는 미의 경쟁이 여성의 외모 꾸미기의 더 큰 이유다. 그것이 은밀한 진실임을 우리는 모르지 않는다. 미의 경쟁은 패션계 발달의 동력이다.

아름다워도 괜찮다

직업에 따라 여성이 그에 맞춰 화장하고 외모를 꾸며야 한다면 그건 당연하다. 그것이 강요가 아니라 필요에 따른 일이고 자신이 만족한다면 무슨 문제인가. 또한, 보통 여성들은 일상생활에서 수수한 정도의 외모를 가꾸며 살지 아름다움을 강요받지 않는다.

1970년대 초, 서구의 일부 급진 페미니스트들이 브래지어를 벗어 술통에 던지는 퍼포먼스를 한 것은 사실이다. 그런 방식이 요즘 국내 페미니스트들 사이에도 유행이다. 이른바 브래지어 해방이다. 그들 말로 젖꼭지 해방 퍼포먼스도 함께 시도하며 노 브래지어 운동에 동참한다. 페미니스트들이 삭발하든 브래지어를 벗어던지든 그건 그들의 자유다. 지금 이 시대 누가 이들에게 이래라저래라 할 수 있겠는가.

하지만 페미니즘이란 사회운동을 한다면 페미니스트로서 행하는 행위가 정당성과 공감을 얻는 방식이어야 한다. 타당한 이유가 있어야 한다. 페미니스트들이 머리를 밀고, 노 브래지어로 다니면서 그것이 남성이 여성에게 씌운 외모 코르셋이기 때문이라는 구시대적 주장은 너무나 억지스럽다. 실소만 부른다

1970년대 서구 급진 페미니스트들이 했던 일부 행위들을 마치 새로운 사조인 양 포장하여 모든 행위를 남성 권력에 대한 도전, 가부장제 해체로 돌리는 것은 설정이 잘못되었다. 그리고 모든 관점을 가부장제로 재단하는 페미니스트들의 가부장제 신화부터 해체하는 것이 우선이 아닐까.

그 페미니즘은 틀렸다

가부장제 탓만 하는
정당의 '성평등 교육'

시간 때우기 용도의 무의미한 성평등 교육

현재 대한민국의 정당들은 우파, 좌파 막론하고 소속 국회의원과 당직자, 당원을 대상으로 한 성평등 교육을 의무화하고 있다. 정당의 당헌 당규에 명시되어 있는데 연 1회, 2시간 이상으로 되어 있다. 성평등 교육을 한국 정당 사상 최초로 실시한 곳은 옛 열린우리당이다. 2004년 17대 총선에서 크게 승리하며 거대 여당이 된 직후였다.

교육 대상자는 총선에서 당선된 국회의원들로 처음에는 '양성평등 교육'이란 명칭을 사용하였다. 지금은 양성평등 명칭보다 더 포괄적인 성 정체성을 담은 '성평등'이란 용어가 보편화되었지만, 당시만 해도 '양성평등 교육'이란 용어 자체조차 일반적으로 알려지지 않았던 시절이었다. 개혁 세력이 집결한 열린우리당이었으나 국회의원 대상 양성평등 교육은 단 한 차례로 끝났고, 당원들이 받아야 할 의무 교육으로 확장되지도 않았다.

정당은 정치의 매개체 역할을 하는 결사체이고 이데올로기를 전파하는 단체다. 따라서 정당의 양성평등 교육은 개혁 세력일수록 매우 중요한 문제다. 나는 당시 열린우리당 당원이었기에 양성평등에 대한 관심이 컸다. 이미 페미니즘에 관한 이론서를 접하며 페미니즘이 가진 딜레마와 모순을 인식하고 있었다. 짧은 기간에 그쳤지만, 당시 출현한 소수의 남성 페미니스트들, 열린우리당 내 페미니스트를 자처하는 여성 당원들과도 모임을 가졌다. 그런데 이들의 페미니즘에 대한 이해도는 전반적으로 지극히 낮은 수준이었다.

전체 당원에까지 양성평등 교육 의무화를 실시한 정당은 2006년 당시의 옛 민주노동당으로 소속 국회의원까지 포함하여 연 1회, 2시간 이상 교육을 받아야 공직 출마 자격을 부여하였다. 이후 생겨난 군소 좌파 정당들 역시 양성평등 교육에서 성평등 교육으로 용어를 바꾸어 사용하며 오늘에 이르고 있다.

각 정당은 매번 성평등 문제에 대하여 주요하게 언급하고 있으며, 정당 내 당원 교육 프로그램도 실시하고 있다. 예컨대, 정의당의 당규를 보면, 제4장 당원 교육 ②항에 "광역시·도당은 지역위원회와 협의하여 당원을 대상으로 당규 제13호 성평등 교육과 제14호 장애평등 교육을 포함한 인권교육을 연 1회 이상 실시해야 하며 모든 당원에게 충분한 기회가 제공되도록 해야 한다"라고 명시되어 있다. 또한, 선출직·임명직·추천직 당직자와 선출직·임명직·추천직 공직자는 반드시 각 당부에서 개최하는 오프라인 교육을 이수하여야 하며, 그 외의 일반 당원들도 각 당부의 오프라인 교육을 통해 당원 의무

　　　　　　　　　　　　　그 페미니즘은 틀렸다

교육을 수강하도록 권고하고 있다. 당원 의무 교육 프로그램은 '성평등 교육 및 장애 평등교육' 두 파트로 나뉘어 있으며, 교육시간은 연 1회, 각각 2시간 이상으로 규정되어 있다.

나는 몇 해 전까지만 해도 정당의 당원으로 대부분 여성위원회를 맡아 '성평등 교육'을 직접 주최하고 성평등 강사 섭외, 성평등 교육안 검토, 각 시·도당 여성위원회 주최 성평등 교육을 전체적으로 조율하는 역할을 했다.

성평등 교육 관련 실무를 직접 담당하면서 타 정당 여성위원회와 협력하고 시민사회단체인 여성단체들과의 교류하면서 그리고 행사와 토론회 참석을 하면서 절감한 문제는 한두 가지가 아니었다.

정당에서 실시하는 1년에 2시간짜리 성평등 교육은 그야말로 의무 사항 그 이상도 그 이하도 아닌 교육 프로그램으로 인식되었다. 이는 남성 당원들의 태도에서 쉽게 발견되었다. 남성 당원들에게 성평등 교육은 의무적인 요식 행위, 시간 때우기라는 것이 그들의 대화나 행동에서 쉽게 알 수 있었다. 교육 시간이 매우 지루해서 힘들다는 것이다. 남성의 비중이 절대적으로 큰 한국 정치라는 영역에서 남성 당원에게 성평등 교육은 성가신 교육 프로그램이라는 게 솔직한 표현이었다. 더 곤혹스러운 문제는 여성 당원 중 성평등 교육의 필요성에 공감하지 못하는 이들이 남성 당원 못지않게 비중이 높았다는 점이다. 여성 당원들의 성평등 교육 참가율이 오히려 남성 당원보다 더 저조했다.

'여성인 내가 성평등 교육을 받아야 하나? 나는 진보주의자인데 정당의 당원이라면 당연히 성평등 의식이 높은데, 꼭 교육에 참가해야 하나?' 등의 사고방식이 지배적이었다. 그래서 여성 당원들의 교육 참여를 설득하는 데 애를 먹었다.

사실 이 점이 여성 당원들의 모순점이었다. 여성 당원 중에는 왜 '여성위원회' 일원이 되어야 하는지 모르겠다는 이들이 흔했다. 정당의 당원이지만 정작 정당이 실제적으로 해야 할 역할에 대해 등한시하는 아이러니는 혼란스러웠다.

그렇다면 성평등 교육 이해도나 참석률 부진을 남성 당원, 여성 당원의 탓으로 돌려야 할까? 나는 수 해 동안 직접 경험하며, 1년에 2시간짜리 성평등 교육이 성평등에 얼마나 이바지하고 효과적으로 사황을 개선시킬 수 있는지 늘 의문을 품었었다.

정당의 당원 중 여성 당원의 비율은 수적으로 낮다. 여성 당원의 비율이 30% 넘는 정당이 없다. 가뜩이나 정치가 남성 중심으로 돌아가는데, 참여하는 여성 당원의 수가 적기 때문에 성평등 교육 프로그램을 1년에 필수적으로 실시하지만, 기존의 성평등 교육 방식으로는 실질적인 효율성이 낮고 사실상 무의미한 교육 프로그램으로 전락한다고 나는 평가한다.

강사 세대교체와 진일보한 교육 내용 필요

정당 성평등 교육의 또 다른 문제는 담당 강사의 수준이다. 성평등 교육 내용을 보면서 강사가 21세기에 맞는 성평등 의식과 지식수준, 미래 지향성을 지녔는지에 대한 회의가 일었다. 과거에도 그랬지만

그 페미니즘은 틀렸다

지금도 마찬가지 문제의식을 가지고 있다.

성평등 교육 전문 강사를 위촉하여 파견하는 기관으로 여성가족부 산하 '한국양성평등교육진흥원'이 있다. 정당 중에는 당원들 가운데 직접 성평등 강사를 양성한 후 위촉하여 성평등 교육을 하는 곳도 있지만, 대개의 경우 한국양성평등교육진흥원에서 강사를 섭외한다.

한국양성평등교육진흥원에서는 "양성평등 교육 전문 강사는 남녀차별적 의식과 관행을 개선하고 양성평등 의식 확산을 위해 가정과 직장, 학교, 지역사회의 각 영역에서 다양한 주제로 양성평등 교육을 담당하는 강사"라고 역할을 설명하고 있다.

양성평등 강사들의 교육 내용은 다음과 같다. 인권과 성인권, 성평등 정책 패러다임, 페미니즘과 젠더, 문화 다양성 시대의 성 인지 감수성, 사회경제적 불평등과 젠더, 성 문화와 성 담론, 한국사회 젠더 지형의 성찰, 국제사회와 양성평등 정책, 가정 그리고 양성평등, 여성과 정치, 여성과 노동, 젠더 관점으로 본 여성 건강, 미디어, 젠더, 양성평등.

이런 주제를 가지고 대부분의 성평등 교육 내용을 만든다. 하지만 성평등 강사들이 실제로 하는 교육을 보면, 한국 사회의 시대적 상황에 맞게 교육의 내용도 변해야 한다는 생각이 든다. 대부분의 성평등 교육은 이미 수십 년 전 내용을 반복한다. 현세대의 눈높이와 수준, 정치·사회·경제적으로 상당한 변화를 이룩한 21세기에 맞지 않는 뒤떨어진 이슈를 다루고 있다.

현재 젊은 세대는 그 어떤 세대보다 성평등 의식이 높다. 성평등 교육은 이들을 주도할 수 있어야 한다. 교육 내용이 진일보해야 하며 성평등 전문 강사의 세대교체 또한 필요하다. 진정한 의미의 성평등을 위해서는 시대상에 맞는 내용을 가진 전문 강사 양성이 이루어져야 한다. 그래야 21세기에 맞는 성평등 교육도 출현할 수 있다고 믿는다.

정당이나 시민사회단체, 공공기관의 성평등 교육을 담당하는 강사들은 구시대적인 내용을 그대로 답습하고 있다. 예컨대 정당의 성평등 교육을 담당하는 강사의 대부분이 한국양성평등교육진흥원 강사 혹은 한국성폭력상담소, 한국여성의전화 활동가, 페미니스트 활동가들이다. 이들은 성평등을 가로막는 가장 큰 요인으로 '한국 사회의 가부장적 이데올로기'에 집중하는 급진적 페미니즘 관점을 지니고 있다. 또한, 남성 위주의 성 문화에 오랫동안 익숙해진 남성들이 성차별을 깨닫지 못한다고 질타한다. 덧붙여 할당제에도 불구하고 고위직급의 여성 비율이 현저히 낮음에 대해 문제를 제기한다. 이런 내용이 중심을 이루는 것이다. 즉 해묵은 이슈를 되풀이하고 있다.

이제 성평등 교육의 주요 이슈는 '한국 사회의 가부장적 이데올로기'에 방점을 찍는 것에서 벗어나야 한다. 21세기 성평등 교육은 현실적인 제도 개선과 정책적인 사안을 중점적으로 다루어야 한다. 고령화 시대는 여성들의 수명이 길어 여성 노인의 빈곤 문제가 심각하다. 여기에도 관심을 기울여야 한다. 미혼모들을 돕는 방안과 가정폭력을 피해 쉼터에 거처하고 있는 이들을 위한 환경 개선, 여성 환경미화원들의 휴식 장소 개선 등 우리 사회에서 여성들이 처한 실제적인 삶을 다루는 성평등 교육이 되어야 한다. 또한, 세계 선진국의 성평등 사례와 여타 국가들의 성평등 현안 등 폭넓은 내용을 담는 교육 시간이 되어야 한다.

거듭 주장하지만, 정당 내의 성평등 교육 내용도 전면적으로 변화해야 하고, 성평등 교육을 담당하는 강사 또한 시대에 맞는 새로운 인물로 교체되어야 한다. 그렇지 않고 종전대로 1년에 단 2시간짜리 성평등 교육 프로그램을 고집한다면, 성평등 문제에 대한 정치적 진전은 기대하기 어려우며 교육을 받는 당원들의 의식 또한 바뀌지 않을 것이다.

3장

그들은 혐오받아 마땅한 존재인가?

남성 역차별 시대는
엄살이 아니다

남자로 살아가기 어려운 세상

요즘 남성들은 억울하다. 특히 젊은 남성들이 더욱더 그러하다. 50대 이상 남성은 남아선호의 수혜를 듬뿍 받으며 살아왔기에 일종의 부채의식이 분명히 존재한다. 그래서 급진적 페미니즘의 광풍에 둔감하다. 일찌감치 페미니스트임을 선언하고 그쪽으로 귀순한 이들도 늘어난다. 대다수가 넉넉하지 못했던 가정에서는 아들만 대학 교육을 받았고 누이들은 일찌감치 공장 등 직업 일선의 길로 나섰다. 누이들이 남자 형제를 보살피는 희생이 따랐던 시절이었다. 이런 혜택을 누린 50대 이상 지식인 남성들이 페미니스트가 되는 건 자연스러워 보이기도 한다.

하지만 현재는 완전히 달라졌다. 단기간에 남아선호는 무너졌고 오히려 딸을 더 선호하는 풍토다. 대다수의 가정에서 자녀는 한두 명이다. 아이들은 과거 어느 때보다 성평등한 환경에서 성장한다. 그러다 보니 딸보다 아들 키우기가 힘든 세상이 되었다.

초등학교와 중학교에 다니는 학생을 자녀로 둔 엄마는 아들이 간혹 여학생에게 맞고 와서 억울해하는 하소연을 들으면 속상하다. "엄마 우리는 억울해! 여자애들이 때리면 맞아야 해." 그런 아들에게 엄마는 "그 애들이 때린다고 절대로 같이 때리면 안 돼. 여자애 몸에 손대면 너만 더 손해니 참아야 해"라고 말하면서 마음이 편하지 않다.

남자로서 살아가기가 점점 더 어려워지는 것은 비단 아이들만의 일이 아니다. 앞에서 50대 이상 남성 중 특히 지식인 중에서 성차별 사회의 이득을 누린 이들이 많다고 했는데, 그것이 현재까지 이어지는 건 아니다. 그리고 과거 성차별이 존재했든 그러지 않았든 자신과는 아무런 상관이 없던 이들도 많다. 그저 힘들게 일하며 살아왔을 뿐이다. 과거 사회구조가 일부 이득이 되었던 사람들도 그 빚을 지금 당장 갚으라고 하는 게 부담스럽게 느껴지기도 한다. 이렇게 전 연령대 남성들은 보편적으로 남자들의 삶이 점점 더 고단해진다고 느끼고 있다.

종이호랑이로 전락한 남자들

주변을 살펴보면 가정 내에서 여성의 권한이 크게 늘었음을 쉽게 느낄 수 있다. 가정 경제의 주도권은 물론이요 아파트 평수를 늘려 이사하고 집 인테리어를 바꾸는 결정권까지 대부분 여성의 차지다. 여성, 특히 중년 여성들은 경제·문화 분야의 주력 소비자다. 현대 산업은 여성 경제Female Economy 시대로 변모했다. 여성이 소비 시장의 주역

그 페미니즘은 틀렸다

이다. 외식업계는 젊은 여성층의 기호를 고려한 마케팅이 대세다. 레스토랑 런치 타임 고객의 90%가 여성이라는 통계가 나와 있다. 문화 공연, 해외여행 등의 소비에서도 여성 기호가 압도적이다.

젊은 남성들은 공적 영역과 사적 영역 모두에서 양성 간 권력 관계에서 밀리는 추세다. 아르바이트 일자리 구직도 젊은 여성이 훨씬 유리하다. 대학교 학업이 시작되면서 남성은 병역제 대상자로 현재 21개월인 군 복무를 해야 한다는 압박감에 시달린다. 국민으로서 권리와 의무는 성별 상관없이 동일하다는 의식 속에서 자라난 청년들은 남자만 국방의 의무를 진다는 데 대한 불만이 증가하고 있다. 그러면서 남성 역차별에 항의하는 새로운 현상이 표출되기 시작했다.

그런가 하면 이혼 가정 증가로 한부모 가정이 늘었는데, 어머니가 혼자 아이를 키우는 가정에 비해 아버지 혼자 자녀를 키우는 가정에 대한 사회적 관심과 지원이 상대적으로 빈약하다. 아버지가 자녀를 양육하는 한부모 가정은 보이지 않는 어려움에 처해도 변변한 도움을 받지 못한다. 하교한 어린 아들을 저녁 늦은 시간까지 태권도 도장 등에 맡기는 게 다반사다. 최근 들어 편부 가정이 큰 폭으로 늘어났지만, 자녀 양육이나 교육 문제, 이혼 가정 문제 등에 대한 도움이나 상담을 받을 수 있는 단체는 '한국남성의전화' 한 곳뿐이다.

여성만을 위한 정부 부처, 언론, 단체

여성단체의 수는 2014년 기준 중앙부처 138개, 각 시·도 601개다. 여기에 전국의 여성 관련 시민사회단체를 합치면 약 3,000개가 조금

넘는다. 《여성신문》은 페미니즘을 표방하는 대표 여성 전용 언론으로 1988년 창간한 이래 여성의 관점으로 강력한 목소리를 내고 있다. 정부 기구인 '여성가족부'는 2001년 '여성부'로 공식 신설되었다. 여성부에서 여성가족부로 몇 차례 명칭이 바뀌며 현재에 이르고 있다.

여성가족부가 과연 꼭 필요한 정부 조직인가에 대한 회의와 존폐 논란이 자주 일어난다. 남성들은 왜 여성이라는 명칭이 들어가는 부처가 필요한 것인지에 대해 의문을 제기한다.

여성가족부는 정부 조직 중 중앙행정기관으로 18부 중 하나다. 여성가족부 웹사이트를 보면 주요 업무의 절반이 청소년 보호·지원, 청소년 활동 진흥 및 역량 개발, 아동·청소년 등의 성 보호 등으로 소개된다. 여성 관련 업무는 여성 인력의 개발·활용, 여성 정책의 기획·종합 및 여성의 사회 참여 확대다. 여성가족부의 주요 업무는 정부 조직 중 보건복지부, 교육부, 고용노동부의 업무와 서로 중복된다는 점에서 혼란이 있다.

2018년 '여성가족부'의 연간 예산은 7,685억 원으로 2017년 연간 예산 7,122억 원보다 563억 원 증액되었다. 여성가족부의 주요 여성 관련 사업은 경력 단절 여성 취업 지원 사업으로 2017년 489억 원의 예산을 사용하여 여성 경제 활동을 독려했다.

반면에 남성 실직자나 경력 단절 남성들을 위한 국가 기구의 지원이 없다는 점, 여성가족부 존립 자체가 역차별이라는 점 등에서 남성의 불만이 점점 늘고 있다.

그 페미니즘은 틀렸다

남자의 종말?
안쓰러운 수컷들

남성 호르몬 시대, 종언을 고하다

몇 해 전, 해나 로진의 『남자의 종말』이라는 책을 읽었다. 국내 페미니즘 현상이 나타나기 전에 소개되었는데 꽤 흥미로웠다.[30] 남자가 이 책을 접하면 기분이 나쁘거나 의기소침해지거나 둘 중 하나가 아닐까 싶다.

'종말'이라는 섬뜩한 단어가 눈길을 끈다. 독자에게 책을 팔아야 하는 저자와 출판사는 주목받는 제목을 선택하려 한다. 그래서인지 종말을 내세운 책들이 제법 된다. 『노동의 종말』, 『소유의 종말』, 『역사의 종말』, 『빈곤의 종말』, 『육식의 종말』 등. 『남자의 종말』 또한 그런 유가 아닐까 하는 의심의 눈초리로 읽었던 기억이 난다.

저자 해나 로진은 미국의 오래된 시사 잡지 《아틀랜틱The Atlantic》의 수석 에디터답게 어떻게 책 제목을 고르고 어떻게 글을 써야 독자들을 사로잡을지 잘 알고 있다. 이 방면으로는 선수급일 게다. 솔직히 제목은 그다지 마음에 안 들었다. '종말'이란 제목을 단 일종의 모순 어법을 쓰는 책들 대부분이 주목을 받는 데는 성공한다.

하지만 읽고 나면 '그래서? 정말 종말이라고?' 하는 의구심이 생긴다. 이 책 역시 '남자의 종말이라니? 그럼 여자의 종말은?'이라는 약간의 거부감이 생긴다. 그러나 『남자의 종말』은 폭넓은 취재와 연구를 기반으로 현재 남자들이 처한 현실과 환경, 사회적 현상에 대해 냉철하게 분석했다.

오늘날 남성성은 예전보다 상당히 약화되었다. 인류는 역사와 사회경제, 문화의 산물이 변화하며 진화해왔다. 구석기 시대, 신석기 시대, 고대, 중세, 근대 사회, 산업혁명과 자본주의의 발달 과정에서 남성이 가진 힘은 절대적이었다. 하지만 지금은 남성의 힘을 필요로 하는 시대가 아닌 것만은 틀림없다.

저자는 단언한다.

"남성 호르몬의 시대는 종언을 고했다. 경제와 문화 변화는 남자의 추락을 가져왔다. 남자들은 액세서리, 맨세서리로 전락, 남은 것은 TV 속의 슈퍼 히어로나 악당이다. 중산 계층은 서서히 가모장제로 바뀌고 있다."[31]

저자는 신랄하게 가부장적 질서, 남성적 특성이 가치 우위를 점하던 사회가 막을 내리고 있음을 면밀히 진단한다. 맞는 말이다. 이미 우리 주변에도 '일하는 엄마와 가사 전담 아빠'가 늘어나고 있다. 게다가 경제권도 여성이 쥐고 있다. 여성들이 남성들의 경제적 보호나 남성의 보호를 받아야 하는 연약한 존재에서 벗어난 시대다.

그 페미니즘은 틀렸다

무너진 남아선호와 가부장제

저자는 미국의 경우를 예를 들고 있다. 2009년 미국 역사상 최초로 노동력의 균형추가 여성 쪽으로 기울었다. 미국 일자리 중 절반을 여성이 차지했다. 이는 한국도 마찬가지다. 50대 여성들의 취업률은 늘고 있다. 같은 연령대 남성들의 일자리는 줄어드는 것과 대조적이다. 주위를 둘러보면 쉽게 이해되는 현상이다.

이 책의 특이점은 냉혹한 진단이다. 한국의 저출산율 현상, 늘어나는 골드미스, 워킹맘에 대한 배려 부족, 한국 여성들이 미래의 노동자를 출산할 동기가 없는 점 등을 한국인보다 한발 앞서 정확히 분석하고 있다는 점이 흥미롭다. 멀리 떨어져서 보면 더 잘 보이고 치밀한 분석과 진단을 할 수 있는 법이다. 한국은 세계에서도 유례없는 남아선호와 가부장제가 지배하는 사회였다. 하지만 이 또한 유례없이 빨리 무너졌다는 사실을 저자도 인정하고 있었다.

남자들은 여전히 몸집과 체력으로 여자들을 압도하지만, 이제 여자들은 그런 능력을 그다지 필요로 하지 않는다. 이런 면을 고려한다면 '남자의 종말'보다는 '남성성의 종말'이라고 책 제목을 붙이는 게 더 적절했을 것 같다.

약해지는 남성성과 강해지는 여성성

오스트레일리아의 고고학자이자 고인류학자 피터 매캘리스터의 『남성 퇴화 보고서』도 흥미로운 책이다. 이 책에서는 남성들이 2만 년 전부터 퇴보를 계속해왔다고 주장한다. 고대부터 힘, 싸움, 운동 능력, 성적 능력까지 지속적으로 퇴보했다고 한다. "수컷 호모사피엔스 중에 우리처럼 안쓰러운 수컷도 없다"[32]고 표현하며 남성성의 퇴화가 기정사실임을 다각도로 고찰하였다.

오늘날 벌어지고 있는 여성 혐오나 남성 혐오 논쟁은 시대의 변화에 따라 남성과 여성이 지속해서 진화하는 과정에서 서로 충돌하며 불협화음을 일으키는 게 아닐까. 남성성은 약해지니 상대적으로 여성들은 강해지는 현상이 페미니즘을 더 부상하게 만드는 것인지도 모른다. 하지만 시대의 흐름은 남성성의 약화와 함께 남자보다 여자 쪽으로 유리한 방향으로 전개되고 있다.

현대 젊은 남자들은 유니섹스 스타일을 선호한다. 헤어 스타일과 의상 등에서 남녀 구분 없는 이미지를 트렌드로 받아들인다. 그런 측면은 젊은 여성층도 마찬가지다. 일본의 초식남 열풍 또한 이러한 현상의 일부로 여겨진다. 약 10년 전 본격적으로 회자되기 시작한 초식남 열풍은 젊은 남자 중 스스로 초식남임을 인정하고 받아들이는 이들이 늘어나며 일어났고 남자들의 변화를 예고했다.

육식남, 즉 남성다움으로 무장하여 적극적인 연애와 성공에 대한 야망을 펼치는 남자의 시대는 지났다. 소소하고 자잘한 삶의 행복을 추구하고 연애는 해도 그만 안 해도 그만인 초식남 스타일이 대한민국 젊은 남성들에게도 쉽게 발견되고 있다.

요즘 젊은 남자들은 불과 수십 년 전 남자들의 스타일과 비교했을 때 확연히 다르다. 외모 가꾸기에 치중하고 성격도 온순하고 대부분 매너도 좋다. 젊은 여성보다 더 매너가 좋은 남자들을 경험할 때가 있다. 어떨 때는 현대 남자들이 점점 여성화되어가고 있지 않은지, 남자에게서 여성성이 증가하는 진화 현상이 일어나고 있는 것은 아닌지 하는 생각이 들 정도다.

이들은 중년 이후 세대 남성들의 권위적이고 가부장적인 삶의 태도와 큰 차이를 드러낸다. 세대 차이는 남성 세대에서 더 도드라져 보인다. 그만큼 현대 젊은 남성들은 그렇지 않은 남성들과는 전체적으로 면모가 다르다는 말이다.

그렇다고 해서 남자가 종말을 맞았다고 주장하는 건 억지스럽다. 자연스러운 변화 과정의 종착점이 멸망이라고 단정할 수는 없다. 시대의 흐름에 따라 변천하고 진화해온 인류는 지구의 종말로 인류가 멸종하기 전까지 계속 변화할 뿐이다. 그때 가서나 남자의 종말, 여자의 종말이 있을 뿐이다!

결혼하지 않는
남자들

결혼, 두려움과 기피의 대상

페미니즘 광풍의 불편한 진실 하나.

결혼하지 않는 남자, 결혼 못 하는 남자, 결혼을 두려워하거나 망설이는 남자들을 만들어내는 현상이다.

여자는 항상 가해자인 남자에 의한 희생자이자 피해자라는 급진적 페미니즘 사상은 성불평등이 본질적이라는 주장에서 여전히 벗어나지 못하고 있다. 이것은 역사와 문화가 다른 서구에서 발생한 페미니즘을 억지로 들여온 것이다. 특히 한국의 페미니스트 지도자들은 미국의 페미니스트 운동을 모델로 삼았는데 그 핵심은 남성과 여성의 권력 관계다. 성불평등, 성차별은 결국 남성과 여성 간의 권력 문제에서 비롯된다고 본다.

급진적 페미니즘이 주장하는 여성해방의 길은 가부장제 해체, 즉 가족 제도 거부와 이성 간의 결혼 거부로 이어진다. 이는 레즈비언 페

그 페미니즘은 틀렸다

미니즘의 지향점과 똑같다. 남자의 지배, 권위적이고 폭력적인 행위에서 해방되기 위해 이성애를 거부하고 남녀 분리주의로 향하게 된다.

현재 페미니즘 경향은 급진적 페미니즘 사상만이 주류를 이루고 있다. 이런 현실에서 여성은 여성대로 남성은 남성대로 결혼이라는 제도에 대한 두려움을 키우고 있다. 더구나 개인적인 삶을 추구하는 생활양식이 보편화되었고 결혼하지 않아도 불편함을 느끼지 못하는 세상이다. 과거처럼 이성을 대하는 열정 또한 시들하다. 굳이 연애하지 않아도 아쉽지 않다. 혁신적인 기술은 남녀 사이의 연애를 대체할 만한 오락적인 소재가 그 어느 시절보다 풍부하게 만들어낸다.

자신이 경제활동으로 얻은 소득을 오직 자신만을 위해 사용하는 데 만족감을 느끼는 남성과 여성을 주변에서 흔히 볼 수 있다. 단적으로 말해 자신이 번 돈을 연애나 결혼생활에 지출하기에는 물질적으로나 정신적으로 여유가 없다. 또 예전과 달리 현대 남성과 여성은 서로에 대한 신뢰가 낮다. 젊은 남성들은 돈이 어느 정도 모이면 해외여행을 가거나 자신의 취미 활동에 쓴다. 물론 여성들도 마찬가지로 독신의 자유로움을 누린다.

또한, 경제 사정이나 고용 불안 같은 미래에 대한 불안감은 연애나 결혼을 망설이거나 아예 포기하게 만드는 중요한 이유인데, 요즘은 딸 가진 부모보다 결혼하지 않은 아들을 둔 부모의 고민이 더하다.

남성 직장인이 45세 정도쯤 되면 슬슬 퇴직의 압박을 받기 시작한다고 한다. 55세 퇴직도 이른데 45세라니! 45세쯤 되어 승진을 못 하면 퇴직할 수밖에 없는 현실이라고 한다. 이렇다 보니 연애도 하지 않고 결혼도 안 하게 된다.

일본의 경우 이미 약 10년 전부터 '초식남', 즉 소극적이지만 연애는 하되 결혼은 하지 않는 남성에 이어 '절식남'이 등장하여 전성기를 이루었다. '절식남'은 연애도 결혼도 포기한 남성들을 일컫는다. '일본국립사회보장·인구문제연구소'의 최근 설문조사 결과에 따르면, 일본 독신자 비율은 18~34세까지 남성은 69.8%, 같은 연령대 여성은 59.1%다. 이들 독신 중 남성 42%, 여성 44.2%가 성 경험이 아예 없다고 한다.

특히 일본의 히키코모리(은둔형 외톨이) 현상은 심각한 사회문제다. 히키코모리가 중·장년으로까지 확산되고 있는데, 이들 대부분이 잠재적으로 고독사 가능성을 안고 있다. 특히 일본 남성 중 히키코모리가 많은 이유는 한창 일할 나이에 직장을 그만두기 때문이라고 한다. 경제적 불안정이 고독과 소외를 가져온 셈이다.

한국은 일본의 사회 현상을 닮아가고 있다. 통계청 자료에 의하면, 20·30대 여성 미혼자 비율은 2015년 기준 55.2%에 달한다. 30~34세 남성 미혼율은 55.8%다.

저출산 문제 해법의 패러다임을 바꾸어야

평생 독신 시대가 보편화되어가는 속에서 출산율은 점점 더 낮아지고 있다. 우리나라 출산율은 경제협력개발기구OECD 최하위다. 정부는 대통령 직속 저출산고령사회위원회에 민간 위원을 대폭 늘려서 활동을 시작했다. 특히 20대 여성이 위원에 포함되어 눈길을 끌었다.

그 페미니즘은 틀렸다

그런데 20대 여성 위원이 참여하고 있지만 같은 연령대 남성 민간 위원 참여는 없다.

저출산 고령화 현상은 국가적 명운이 걸린 문제다. 다양하고 심층적으로 방향을 모색해야 하며 성과가 없었던 기존 접근법 대신 인식의 변화를 가져와야 한다. 저출산 문제를 여성에게만 중점을 두어 풀어가던 데서 사고를 더 확장해야 한다. 젊은 남성들의 결혼 포기가 중요한 원인임을 고려할 필요가 있다.

여성들이 출산을 포기하는 현상을 다루는 만큼이나 젊은 남성들의 연애 기피, 결혼 포기 이유에 대해서도 다루어야 한다. 남녀 문제는 따로 있는 것이 아니다. 같은 선상에 놓고 동등하게 문제를 풀어야 한다.

저출산 문제 해법의 패러다임을 바꿀 필요성이 있다. 저출산 문제를 여성에게서 찾고 해결책을 제시하는 것에서 벗어나 남성이 처한 당면한 현실을 반영하는 시각이 요구된다. 단도직입적으로 말해 지금처럼 급진적 페미니즘이 남성들을 잠재적 범죄자로 몰아치는 현상이 계속된다면 남자들이 연애나 결혼을 선택할 이유가 없다. 젊은 남자들이 "베트남이나 라틴계 여자와 결혼하면 어떨까?" 하는 농담 섞인 말을 주고받는 걸 들을 때는 왠지 서글프다.

혼자 사는 사람들의 세상

독신 세대, 솔로 세대인 1인 가구가 대세다. 젊든 늙든 혼자 사는 사람 비중은 계속 증가할 것이다. 혼자 살기 편한 요건이 잘 갖추어져 있는 시대이기 때문이다. 개인주의 발달이든 뭐든 간에 가족이 중심인 집단생활에서 벗어나는 형태로 삶의 방식이 변하고 있다. 통계청 조사에 의하면, 한국의 전체 인구 중 1인 가구 증가 현황은 가파른 상승세다. 1인 가구 비중은 2016년 28%이며, 2020년에는 30%에 달할 것으로 예상된다. 1인 가구 패턴이 한국 사회의 라이프 스타일 방식의 변화를 가져오는 것은 분명하다.

얼마 전 에릭 클라이넨버그의 『고잉 솔로: 싱글턴이 온다』를 읽었다. 이 책은 '혼자 살기'가 점점 증가하는 보편적인 현상이라고 보고 긍정적인 시각으로 조망했다. 미국 뉴욕대학 사회학과 교수인 저자는 혼자 사는 사람들의 증가 원인으로 개인주의 발달, 혼자 살기 편한 대도시 발전, 통신 혁명 등을 들었다.

과거 인류의 집단생활 기본 단위는 가족이었다. 하지만 오늘날은 혼자 살기 수월한 시대라는 요건을 갖추고 있으며, 이는 전 세계적인 생활방식이다. 에릭 클라이넨버그는 솔로 시대에 긍정적 의미를 부여하며 이렇게 말한다.

"혼자 살기가 우리에게 제공하는 큰 혜택은 바로 '고독을 되찾는 시간과 공간'이다. 다시 말하면 혼자 살기는 우리의 자아 발견을 도와주고 의미와 목적을 찾는 일을 도와준다."[33]

나는 이 책이 분석한 솔로 시대의 긍정적 의미에 동의한다. 그런데 중요한 부분을 하나 놓치고 있다는 판단이다. 바로 경제적 측면이다. 연봉이 높은 직장에 다녀 노후 대비를 꼼꼼히 준비하는 독신자는 문제가 없지만, 그렇지 못한 이들도 있다. 1인 가구를 유지하려면 최소한의 경제적 능력이 바탕이 되어야 한다.

빈곤한 처지의 솔로, 장차 빈곤 가능성이 높은 솔로의 혼자 살기 방식은 또 다른 사회적 문제의 양상으로 전개된다. 혼자 살기의 방식도 노년이 되면 새로운 문제에 부닥친다. 노년 시기에 피할 수 없는 질병과 그에 따른 의료비, 돌봄 서비스에 붙는 비용은 어마어마한 지출을 초래하게 된다. 당장 노인 대국 일본이 겪는 고독사의 증가 현상만 보아도 그렇다. 하물며 사회보장 체제가 허약한 나라에서는 빈곤 노인층이 비참한 말로 맞는다.

한국의 남성들은 고독사도 압도적인 비율이다. 50~59세 사망자의 84%가 남성이다. 결혼도 못 해, 빈곤하게 살다 결국 고독사로 이어지는 경로다. 이 문제에 취약한 사람들이 바로 남성들이다.

여성들이 사회적 약자, 피해자라는 주장을 수십 년 동안 교리로 떠받드는 급진적 페미니즘의 연막에 가려진 실체는 심각한 실정이다. 이런 남자들이 정말 여자를 지배하고 있는가? 여자가 종속된 존재인가? 페미니스트들에게 진지하게 묻는다.

여성 전용 시설과
남녀 분리주의

역차별 논란을 불러온 여학생 휴게실

대학교 내 남학생 역차별 논란을 일으키곤 하는 사안이 하나 있다. '여학생 전용 휴게실' 운영이다.

현재 거의 모든 대학에 여학생 전용 휴게실이 설치되어 있다. 침대방, 온돌방, 테이블, 소파, 이부자리, 헤어드라이어 등 기본 시설과 집기를 갖추고 있다. 여학생들은 이곳을 휴식도 취하고 담소를 나누고 화장을 고치는 용도 등으로 사용한다.

여학생 전용 휴게실은 여성의 권리를 존중하고 보호한다는 취지로 만들어졌다. 이것은 남녀공학의 불편함을 호소하는 여학생들의 적극 지지를 얻었다. 그런데 교육의 기회는 남녀 동일하게 주어져 있고 선택의 자유 또한 똑같다.

대학교 여학생의 권리가 존중되어야 한다면 남학생의 권리는 존중의 대상이 아닌가 하는 의문이 든다.

연세대학교의 경우, 현재 전체 총 12개의 여학생 휴게실을 운영하고 있다. 시설 또한 우수한 편에 속한다. 남학생들은 여학생 휴게실이 학내 역차별의 대표 시설물이라 주장한다. 남학생이 낸 등록금까지 여기에 사용된다는 점을 꼬집으며, "남학생 휴게실은 필요 없다는 말인가?"라고 부당함을 호소한다. 특히 남학생이 소수인 교육대학, 사범대학, 간호대학과 여학생 비율이 높은 인문대학 등에도 남학생을 위한 휴게 공간이 없다는 점을 들어 학생 복지의 형평성에 문제가 있다고 주장한다.

여학생을 위한 복지 시설인 휴게실은 당연히 필요하고 남학생을 위한 시설은 없어도 되는지에 대한 불만은 갈등의 소지로 늘 도사리고 있다. 현재 대학 내 남학생 휴게실은 수도권 소재 22개 대학 중 7곳에 설치되어 있다. 거의 모든 대학교에 여학생 휴게실이 존재하는 상황에서 남학생들의 전용 휴게실 설치 요구도 계속 이어질 것이다.

그렇다면 이것이 바람직한가에 대한 의문이 든다. 대학은 남녀 학생들이 공동으로 학습하고 토론하며 학문의 성취를 이루어나가는 곳이다. 시설물까지 남녀를 분리해서 운영한다면 비단 휴게실 사용에만 그쳐야 하는가?

수도권 어느 대학에는 도서관 내에 여성 전용 열람실도 있다. 또한, 대학 내 여학생 대표 기구인 총여학생회 구성을 위한 선거가 있을 때마다 등장하는 주요 공약은 여학생만을 위한 지원 계획이다.

최근 수도권 모 대학의 총여학생회 회장단(한양대 제23대 총여학생회)에 출마한 학생은 "여학생을 위한 소모임에 지원금을 배부하겠다"

"여학생만 참가하는 MT를 추진하겠다" 등의 공약을 내세웠다가 강한 학내 논란과 반발을 불러일으켰다. 결국, 투표율 미달로 총여학생회 구성이 무산되었다.

이 과정에서 학생 전체가 낸 학생회비를 여학생만을 위한 지원금으로 쓰는 것이 역차별이라는 점, 투표권이 여학생에게만 주어지는 것이 보통선거 원칙에 위배된다는 점 등을 둘러싸고 큰 논쟁이 벌어졌다. 전국 각 대학의 페미니즘 동아리, 군소 좌파 정당 내 페미니즘 모임에서 총여학생회가 내건 공약에 대한 지지 성명을 내며 성 대결 양상까지 이어졌다.

대학 내 총여학생회는 서울 소재 주요 대학의 경우, 서너 곳에서 자치기구로 운영 중이다. 앞서 말한 투표율 미달로 구성이 무산되거나 입후보자가 존재하지 않아 운영이 중단된 대학이 상당수에 이르고 있다.

총여학생회는 1980년대 중반 민주화 투쟁이 불타올랐을 때, 대학에 진학하는 여성들의 수가 매우 적은 과거에는 유효했다. 그런데 지금처럼 여학생 대학 진학률이 높은 상황에서 그 의미가 여전한지는 미지수다.

2015년 기준 여학생 대학 진학률은 74.6%다. 남학생 67.3%보다 7.3%p 높은 현실[34]이다. 이에 비추어보면 여학생 휴게실 등의 전용 시설이나 총여학생회 같은 별도 기구가 왜 설치되어야 하는지에 대한 의문이 든다.

1970년 초 시대적 상황에서 출발한 급진적 페미니즘 조류가 대학

내 여성학의 기반으로 자리 잡은 후 대학의 여학생들은 급진적 페미니즘의 영향을 크게 받았다. 대학 내 여성 전용 시설과 기구에 관련된 여러 가지 이슈들도 페미니즘 사상과 밀접한 연관이 있다. 급진적 페미니즘은 결국에는 남녀 분리주의로 향한다. 페미니스트들은 모두에게 혜택이 골고루 돌아가는 방향이 아닌 오직 여성만의 이익을 위한 것을 추구한다.

여성 전용 시설 어디까지 확대할 것인가?

공공 영역 여성 전용 시설은 계속 늘어나고 있다. 민간 부문도 마찬가지다. 페미니즘의 영향이 구석구석 침투했다. 외식업계의 마케팅에서도 이런 경향을 볼 수 있다. 여성끼리만 방문하면 특정 식품을 공짜로 제공한다는 식의 판촉이 점점 늘어나고 있다. 남성의 입장에서 이런 경향들이 역차별로도 느껴질 수 있다.

우리 사회에서 여성은 배려받아야 하는 존재일까? 여성은 사회적 약자라는 전통 사고방식에 따라 여성 전용 시설물을 늘려가는 것이 최선일까? 아니다. 여성 전용 시설을 늘려가는 것 자체가 가부장적 제도나 관습에서 진전하지 못하고 있음을 증명한다. 페미니스트들은 가부장제와 투쟁해왔다. 그러면서도 정작 여성만을 위한 전용 시설, 여성만 이롭게 하는 정책을 만드는 데 주력한다.

페미니스트들은 늘 말한다. "남자들은 잠재적 범죄자!"라고. 남자들을 잠재적 범죄자로 일반화하는 것은 결국 남녀 분리주의로 가자는 것과 다름없다. 남녀가 공존하는 이상 성범죄는 일어날 수 있다.

이는 엄격한 법 제도의 집행으로 해결할 일이다.

페미니스트들이 진정 원하는 건 남녀를 엄격하게 구별하는 '남녀 칠세부동석' 시대로의 회귀가 아닐 것이다. 하지만 요즘 사회 분위기는 '남녀칠세부동석'을 압박하는 듯하다.

남녀 공동 징병제
논의를 시작하자

보상 없는 의무에 대한 박탈감

'병역 의무'는 남성 역차별의 첫 번째로 꼽힌다. 병역법 3조 1항은 대한민국 국적을 가진 남자는 누구나 병역 의무를 성실히 수행해야 한다고 규정하고 있다. 젊은 남자들은 군 복무로 인한 학업 단절과 사회 진출이 늦어진다는 점 등을 들어 군대 가는 남자들이 손해라는 인식을 드러낸다.

일부 남자들은 '군 복무 가산점 폐지'에 대해 여전히 불만을 나타내기도 한다. 군 가산점제는 군필자는 7·9급 공무원과 교사, 공기업 임용 시험 때 점수를 최대 5%까지 더 받는 제도였다. 군 가산점제는 40년간 유지하다 2001년에 폐지되었다. 장애인 남자 대학생 1명, 이화여대 교수와 학생 2,000여 명 그리고 페미니스트 진영이 합세하여 군 가산점 위헌 소송을 제기했고 결국 위헌으로 판결받아 폐지되었다. 군 가산점 폐지를 비판하는 남자들은 군 가산점제 폐지 후 공무원 시험에서 여성이 우위를 점하게 되었다고 주장하며 이로 인한 불균형을 역차별의 이유로 들고 있다.

제대 군인에 대한 징병 보상 제도였던 군 가산점 제도가 폐지된 후 대통령 선거 때마다 이 제도에 대한 부활 여부가 중요한 공약으로 다루어진다. 하지만 이미 위헌 판결을 받은 제도에 연연하기보다는 또 다른 대안을 공론화해봐야 한다고 본다. 진정한 성평등의 실현을 위해 이제 '남녀 공동 병역 의무제'를 진지하게 논의해볼 필요성이 있다는 게 내 의견이다. 또한, 국내 인구 문제의 위기 상황을 보면 더욱 남녀 공동 병역 의무제 논의가 확대되어야 한다.

2017년 국내 출생아 수는 36만 명대로, 이미 전 세계에서 최하위권을 기록하고 있다. 페미니스트 진영에서 앞장서서 여성 병역 의무에 관한 논의를 시작하는 게 좋을 것이다. 이왕이면 여성가족부가 나서서 이 문제에 관한 논의를 적극 전개한다면 더 좋지 않을까 싶다.

대한민국 헌법 제39조 1항은 "모든 국민은 법률이 정하는 바에 의하여 국방의 의무를 진다"고 명시한다. 모든 국민, 즉 남녀 구분 없는 모든 국민이다. 그렇다면 여성 징병제 도입은 궁극의 성평등, 페미니즘의 실현이지 않을까?

노르웨이의 남녀 공동 병역 의무제

2016년 징병 대상을 여성으로 확대한 노르웨이의 경우를 보자. 노르웨이는 2014년 의회에서 여성 병역 의무 법안을 압도적 찬성으로 통과시켰다. 18세 이상 여성은 남성과 똑같이 1년을 복무한다. 내무반도 같이 사용하는데, 오히려 군 생활의 만족감이 높다고 한다.

노르웨이의 여성 의무 복무제 통과에는 총리와 국방장관 등 여성 지도자의 힘이 컸다. 노르웨이는 어떤 나라인가? 우리에게 노르웨이는 그림엽서에 등장하는 사진처럼 아름답고 평화로운 전원 국가로 인식되어 있다. 세계 행복지수 1위, 유엔 인간개발지수HDI 최다 1위인 나라이기도 하다.

하지만 노르웨이는 스웨덴과 더불어 급진적 페미니즘 운동이 격렬하게 전개된 역사를 가지고 있다. 세계 최고 수준의 성평등 국가 스웨덴보다 노르웨이의 페미니즘 운동이 더 강력했다. 요즘 국내 페미니스트들이 자주 들고나오는 '개인적인 것이 정치적인 것'이라는 슬로건도 1960년대 당시 노르웨이, 스웨덴 페미니스트들의 구호였다.[35]

노르웨이의 성평등을 위한 투쟁은 오늘날 세계적인 성평등 국가가 되는 밑바탕이었다. 그런데 노르웨이가 여성 의무 복무제를 채택한 것 역시 철저한 성평등 추구의 결과다. "국민의 권리와 의무는 성별과 상관없이 동일해야 한다. 양성평등을 이야기할 때 의무와 권리를 함께 말해야 한다. 그 두 가지가 남녀 모두 동일해야 한다"는 성평등 원칙에 의한 것이다. 그런데 노르웨이가 여성 의무 복무제이긴 하지만, 강제적인 의무 복무제는 아니다. 다양한 사유로 면제를 받는 제도도 병행한다.

평화로운 국가로 여겨지는 노르웨이의 역사는 결코 순탄하지 않다. 스칸디나비아반도는 1920년 볼셰비키혁명 이후 러시아의 위협에 처했으며 현재도 러시아의 군사적 공세 위협을 의식하지 않을 수 없다. 과거 중세 시대에는 덴마크의 지배 이후 스웨덴의 지배를 받았다. 제2차 세계대전 당시에는 아돌프 히틀러가 집권했던 나치 독일의 침공을 받았다. 이웃 나라 핀란드는 구소련의 침공을 받아 국토가 초토화되다시피 한 역사적 시련을 안고 있다. 노르웨이의 병력 규모는 작은 수준에서나마 유지되어야 할 필요성이 있다. 그리고 세계 각국이 일시에 협정을 맺어 군대를 동시에 해체하지 않는 한 나라마다 군대를 일정 규모 유지해야 한다.

진정한 성평등 실천 과제

대한민국은 2017년 현재 61.8만 명가량의 병력을 유지하고 있다. 그런데 초저출산율 등으로 인해 앞으로 10년이 지나면 군 인력 부족에 처할 것이라 예상된다. 일본, 중국, 러시아, 북한에 둘러싸인 우리나라는 일정 규모의 병력을 유지해야 한다. 따라서 우리도 이제는 남녀 공동 징병제에 대해 활발한 논의를 시작해야 할 시점이라고 보인다.

요즘 여성들은 결혼 연령이 늦고 비혼주의도 증가했다. 자녀를 낳지 않는 이들도 많다. 어떤 방식이든 여군을 확대한다면 여성 인력 활용을 효과적으로 할 수 있을 것이다.

안타깝지만 군 생활 도중 사망하거나 장애를 입은 남자들의 소식을 드물지 않게 접한다. 그런데 "국가에서 징집할 때는 조국의 아들, 군 복무 중 죽거나 다쳐서 전역하면 남의 아들"이라는 자조적인 말이 떠돌 정도로 박탈감이 커지고 있다. 입대를 앞둔 남성들의 불만도 점점 증가하고 있다.

그 페미니즘은 틀렸다

여군이 확대된다면 군대에서 자주 발생하는 성추행 문제도 오히려 줄일 수 있지 않을까? 또 구시대적이고 폭력적인 군대 문화에도 획기적인 변화를 가져오리라 믿는다.

요즘 여성들은 신체적으로도 매우 강건하다. 롯데월드타워를 맨손으로 오른 김자인 씨 같은 경우는 특이하다고 하더라도 운동으로 다져진 다부진 체격의 여성들은 흔히 눈에 띈다. 여성이 더는 신체적·사회적 약자라고는 말하기 힘든 시대다.

물론 남녀 공동 징병 문제는 큰 논란을 불러일으킬 수 있는 이슈임에는 틀림없다. 남성들은 군 복무가 힘들어도 그건 남성들만의 영역이라고 주장할 수도 있고 페미니스트 진영이 반발할 수도 있다. 하지만 21세기 페미니즘은 상호 협력에 기초한 성평등으로 나아가야 한다. 여성단체와 전체 페미니스트 진영이 앞장서서 남녀 공동 징병 문제에 대하여 사회적 논의를 시작하는 게 필요하다. 진정한 성평등의 실천 방안의 하나로 찬반을 떠나 사회적인 논의를 해볼 수 있는 문제다. 그 논의의 문을 페미니스트들이 나서서 열어준다면 더욱 바람직하겠다.

4장

여성
친화적
복지를
향해

여성운동의 눈길이
향해야 할 곳

빈곤의 덫에 놓인 여성들

2014년 2월 26일, 충격적인 사건 소식이 전해졌다. 송파구 세 모녀가 동반자살이라는 극단적 선택을 한 것이다. 세 모녀는 가진 돈 전부인 70만 원을 봉투에 담아 집주인 앞으로 남기고 죽음을 택했다.

마지막으로 남긴 "죄송합니다…"로 시작하는 짧은 글은 모두의 가슴을 아프게 했다. 무엇이 그리 죄송했던가? 병들어 직업도 가질 수 없었던 그 처절한 가난이 세상을 떠나면서까지 죄송스러웠을까? 당시 큰 사회적 반향이 일었고, 정치권은 세 모녀처럼 복지 사각지대에 놓인 빈곤층 삶을 개선한다는 명목으로 야단법석을 떨었다. 하지만 이내 조용해졌다. 그로부터 4년이 더 지난 지금까지 정책적으로 개선된 점은 거의 없다.

세 모녀는 최소한의 국가 보호도 받지 못한 채 자신의 삶을 스스로 등졌다. 기초생활보장 수급자조차 될 수 없었기 때문이다. 세 모녀가 죽음을 앞두고 관할 구청 등 기관에 문의를 해보지 않았던 건 아니었다. 하지만 '부양 의무자 기준'이라는 문턱에 걸렸다. 부모나 자녀가 있으면 소득이 있는 것으로 간주해 기초생활보장 수급자가 되지 못한다. 결국, 정부의 도움을 받지 못했다. 세 모녀는 수입이 전혀 없음에도 한 달에 건강보험료 4만 8,000원, 집세 50만 원을 내야 했다. 일가족 동반자살 외에 무슨 선택을 할 수 있었겠는가?

세 모녀처럼 기초생활보장 사각지대에 놓인 빈곤층은 전혀 복지의 혜택을 받을 수가 없다. 세 모녀와 같이 소득이 없음에도 부양의무자 기준 초과 조항에 걸려 사각지대에 처한 빈곤층이 현재 약 93만 명 정도다. 이 중 상당수가 빈곤에 처한 여성층이다.

세 모녀의 비극적 죽음이 있었음에도 그렇게 많은 여성단체 중 대안을 제시하거나 복지 사각지대 개선을 위한 노력하는 곳은 보이지 않았다. 나는 복지국가운동을 오랜 기간 해왔다. 그런데 여성단체들은 복지 문제에 관심이 없고 함께 연대 활동도 하지 않았다. 내가 여성단체들을 비판하는 이유 중 한 가지가 이것이다.

양육을 포기하는 인구 소멸 국가의 미혼모들

미혼모들이 처한 상태는 어떤가? 생계, 육아, 취업 문제 등 삼중 사중으로 고충을 겪고 있다. 그러나 정부 지원금은 만 24세 이하 미혼모 경우, 월 15만 원이 전부다. 통계청 자료에 따르면, 국내 미혼모는 2016년 기준 2만 3,936명이다. 한국은 '아동 수출국'이라는 오명을 쓴 나라다. 주로 10대 미혼모들이 양육을 포기하고 해외 입양을 보낸다. 우리나라는 '인구 소멸 1호 국가'로 지목되었다. 영국의 인구학자인 옥스퍼드대학 데이비드 콜먼 교수의 발표다. 인구 소멸 1호 국가로 지목된 나라에서 미혼모들이 아이를 기르지 못해 해외 입양을 보내는 건 엄청난 사회적 모순이다. 하지만 미혼모 본인이 양육을 선택하면 힘겨운 삶을 감내해야 한다.

미혼모 문제를 정부나 사회복지 차원에서만 맡겨두어서는 안 된다. 여성단체가 적극 나서서 미혼모의 취업과 생활을 도와야 한다. 그것이 여성단체의 존재 이유다.

여성 노인 빈곤 문제

노인 인구 증가로 여성 노년 빈곤층의 문제 또한 심각한 실정이다. 우리나라는 2017년 4월에 고령 사회로 진입했다. 65세 이상 인구 비중이 14% 이상이면 고령 사회, 20% 이상은 초고령 사회로 분류하는데 현재 추세대로면 우리나라는 2025년이면 초고령 사회가 된다. 물론 더 앞당겨질 수도 있다.

노인 대국 일본은 우리나라보다 20년 앞서 고령 사회가 되었다. 이미 2006년에 초고령 사회로 접어들었고 2025년이면 65세 이상 인구가 30%를 돌파할 것이라 한다. 그래서 일본은 정부의 모든 정책 역량을 2025년에 집중할 정도다. 그만큼 노인 문제는 심각하다.

현재 일본은 노인 문제만 전담하는 NGO가 매우 활발하게 활동하고 있는데, 그 수가 약 350개 정도라고 한다. 노인 인구가 워낙 많다 보니 정부의 역할은 한계가 있어 NGO와 지역사회가 자체적으로 중

지를 모아 고령화 문제를 헤쳐나가고 있다는 것이다.[36]

고령화 문제는 일본이 한국보다 먼저 겪고 있어 이 분야에 관해서는 참고로 삼을 점이 많은데, 특히 노인 문제만 전담하는 NGO의 사례는 한국의 시민단체 그중에서도 여성단체들이 중점적으로 연구할 만하다.

한국의 노인 빈곤율은 OECD 회원국 가운데 부동의 1위다. 영국에 본부를 둔 헬프에이지HelpAge International라는 국제 노인 인권단체가 2014년 10월에 발표한 '세계노인복지지표GAWI'에서 우리나라의 노인복지 수준이 세계 96개국 가운데 50위를 기록했다. 1위는 최고 수준의 복지를 실현하고 있는 스칸디나비아 국가 중 노르웨이(100점 만점에 93.4점)가 차지했으며 그다음이 스웨덴, 스위스, 캐나다, 독일 순이다.

우리나라 65세 이상 여성 노인은 전체 노인 중 약 3분의 2를 차지한다. 여성 노인이 남성 노인보다 훨씬 많다. 여성 노인이 평균적으로 더 오래 살기 때문이다. 이에 따라 빈곤층 여성 노인은 그만큼 빈곤의 기간이 길어진다.

한국 빈곤 노인들의 일명 '짤짤이 순례길' 행렬에도 여성 노인의 수가 압도적이다. 나는 '짤짤이 순례' 노인 행렬을 여러 차례 목격했는데, 실제로 보면 상당히 충격적이다.

남루한 옷차림의 노인들이 배낭을 멘 채 교회에서 주는 동전 500원을 받고 나면 일제히 몸을 돌려 지하철역으로 달음박질을 한다. 대개 50여 명 이상의 무리가 또 다른 곳으로 움직인다. 이들의 동

그 페미니즘은 틀렸다

선은 지하철 무료 구간에 한정되어 있다.

매우 슬픈 현장이다. 짤짤이 순례는 하루에 많으면 10곳이라 한다. 그래서 손에 쥐는 돈은 4,000~5,000원 정도. 점심은 교회나 단체에서 주는 무료 식사 또는 간식으로 해결한다. 어느 노인은 간식으로 받은 음료수, 과자 등 무엇이든 배낭에 넣어 집으로 가져간다. 1,000원 한 장 어디서 나올 곳이 없는 이들은 염치고 체면이고 다 던져버린 삶을 이어가고 있다. 하지만 짤짤이 순례도 몸이 건강해야 다닐 수 있다. 짤짤이 순례, 폐지 줍는 여성 노인은 한국의 비참한 노후 자화상이다.

장수는 재앙이자 축복이라는 양면성을 가지고 있다. 노인층이 늘어날수록 노노 격차, 노인 빈곤 격차도 크게 벌어진다. 한국의 노인이 경제적인 문제로 고민하는 반면 스칸디나비아 복지국가 노인들은 그럴 걱정이 없다. 이들의 고민은 삶의 질이다.

국가 차원의 노인 복지제도도 높은 수준이지만 협동조합이 발달한 스칸디나비아 국가에서는 협동조합의 상당수가 고령화 사업에 참여하고 있다.

노인은 진정한 사회적 약자다. 언제 어디서 타인의 도움을 받아야 할지 모르는 상태에 처해 있기 때문이다. 육신은 쇠약해지고 지병은 늘어나 누군가의 손을 빌려야 하는 약자다. 여성단체들이 앞으로 해야 할 과제는 사회적 약자인 여성 노인들을 위한 활동을 고민하고 실행에 옮기는 일이다. 노인들을 위한 기술 배움 프로그램 개설이나, 노인 스스로 자신의 삶을 영위할 수 있는 지원 등 여성단체들이 장차

할 수 있는 일이 무궁무진하게 널려 있다.

관심 밖의 여성 노숙인

여성 노숙인 문제만 해도 그렇다.

나는 영등포역 인근에서 거의 10년 가까이 거리를 배회하는 한 여성 노숙인을 본다. 누더기 차림으로 자신의 소지품으로 보이는 보따리 뭉치를 온몸에 칭칭 두른 채 늘 같은 동선으로 돌아다닌다. 유달리 혹독한 추위가 기승을 부리던 겨울에는 그녀를 몇 번 보지 못했다. 영등포역 인근 먹거리를 파는 노점에서 어묵 국물을 달라고 주인에게 떼를 쓰다 욕을 먹고 쫓겨나기도 했다. 봄이 왔으나 아직 그녀는 영등포역에 나타나지 않고 있다.

그동안 노숙인 현황은 통계조차 잡히지 않았었다. 비교적 최근인 2013년부터 서울시에서 현황을 파악하였다. 2014년 서울시 경우 여성 노숙인은 거리 노숙인, 노숙인 시설 입소자 포함 806명이다. 전체 노숙인 중 16~18%가 여성이다. 그중 거리에서만 생활하는 노숙인 중 7~8%가 여성으로 조사되었다. 그러나 여성을 위한 이용 시설, 입소 시설은 부족한 상황이다. 서울의 한 곳을 제외하고는 여성 홈리스 지원 시설은 전무한 실정이다.[37]

국내 수많은 여성단체 중 여성 노숙인 실태 조사에 나서거나 여성 노숙인 전용 시설을 추진한 곳이 있다는 소식을 한 번도 듣지 못했다. 수많은 여성 전용 시설이 만들어지고 있는 지금, 정작 절실하게 필요한 것이 바로 여성 노숙인 입소 시설이 아닌가?

그 페미니즘은 틀렸다

여성단체들에게 묻고 싶다. 우리 시대 여성의 삶을 개선시키기 위해 가장 먼저 눈길을 주어야 할 곳들이 어딘지. 그리고 "약자를 보호하며 그 권리를 옹호한다"고 부르짖으면서 진짜 약자를 외면하는 건 아닌지.

여성운동이냐,
페미니스트 운동이냐?

1970년대에 머무른 급진 페미니즘

1970년대 초 발발한 급진적 페미니즘 운동이 어느덧 반세기가 되었다. 미국의 페미니즘 이론가 '케이트 밀렛'은 『성의 정치학』(1971)에서 남성이 성 착취로 여성을 종속시키는 행위를 가부장제 개념으로 묶었다. 이것이 급진적 페미니즘의 중요한 이론이 되었다.

현대 페미니즘은 여전히 1970년대식 이론을 토대로 전개되고 있다. 당시 시대적 상황에서 급진성이 불가피했다면 지금은 그때와는 다르다. 어떤 이념이든 다른 어떤 조직이든 혁신은 필수적이다. 또한, 차세대, 미래세대는 우리가 상상할 수 없을 정도로 변화할 것이다. 그런데 1970년대식 급진적 페미니즘 교리를 내세워 가부장제와 여성해방을 부르짖는 것은 낡은 관념이자 낡은 이론에 얽매인 행동이다.

1970년대식 급진적 페미니즘이 종착역에 다다른 느낌이다. 21세기는 페미니즘이 아니라 새로운 여성운동이 일어나야 하는 시점이

그 페미니즘은 틀렸다

다. 여성만의 권익과 권한 강화에 주력하는 페미니스트 운동이 아니라 성평등을 중심부에 둔 새로운 여성운동이다.

여성운동의 복원을 위해

여성운동과 페미니스트 운동 사이에는 분명한 차이가 존재한다. 앤 스티븐스는 『여성, 권력과 정치』에서 그 차이점을 명료하게 설명한다. 여성운동과 페미니즘 또는 페미니스트 운동은 보통 구분 없이 사용하지만 명료한 분석을 위해서 엄밀히 구분될 필요가 있다.

○ 여성운동: 여성들의 즉각적인 필요와 관련된 실질적인 여성의 관심사에 중점을 둔다. 기존의 젠더 관계에 반발하지 않는다.

○ 페미니스트 운동: 여성의 종속 문제에 반발. 여성해방, 양성평등과 관련한 전략적인 목표를 가지고 있다. 사회, 국가, 국가제도를 가부장적으로 분석하며 가부장제를 타파하는 방식으로 사회를 변화시키는 캠페인에 주력한다.[38]

우리가 나아갈 방향은 페미니스트 운동이 아니라 여성운동 본연의 모습이다. 보통 여성들의 현실적인 삶과 관련된 여성운동, 특히 빈곤층 여성, 여성 노인, 복지 사각지대에 놓인 여성들이 처한 실질적인 문제를 개선하기 위한 사회운동과 담론을 통한 공동 행동에 나서야한다. 그러기 위해서는 남성과 협력하고 연대해야 한다. 남성은 적이 아니다. 공동체에서 함께 살아가는 상호 협력 파트너이자 동료이다. 페미니스트 운동처럼 남성과의 관계를 권력 관계로만 해석한다면 페미니스트 운동은 머지않아 소멸의 길을 걷게 되리라.

페미니즘의
제 길 찾기

잘못된 길로 들어선 페미니즘

『잘못된 길』은 프랑스 페미니스트이자 철학자, 사회민주주의자인 엘리자베트 바댕테르가 2003년에 출간한 저서다. 이 책의 부제는 '1990년대 이후의 급진적 여성운동에 대한 비판적 성찰'이다. 우리나라에서는 2005년에 번역 출판되었다.

나는 최근에야 비로소 이 책을 읽었는데 매우 놀라웠다. 평소 내가 페미니즘에 대해 비판하는 지점과 흡사했기 때문이다. 프랑스 페미니즘은 미국 페미니즘과 차이점을 보인다. 남성의 성 본능에 대해 고발하는 것을 자제하는 편이라는 바댕테르의 평가처럼 젠더 관계에 대한 반발은 크지 않다.

『잘못된 길』이 국내에 출판된 2005년은 한국 페미니스트들이 처음으로 승리의 북소리를 울리던 시기와 맞물린다. 바로 2003년부터 시작된 '호주제 폐지 법안 통과' 운동이 결실을 맺어 호주제가 폐지되었기 때문이다. 그래서인지 바댕테르의 페미니즘 비판은 국내 페미니스트의 혹평과 외면 속에 주목받지 못했다. '다 된 밥에 재 뿌리기' 식으로 받아들여졌을 터이다. 더구나 미국식 급진적 페미니즘 사상을 온전히 받아들인 한국 페미니스트 풍토에서 프랑스 페미니스트의 비판은 이질적으로 치부해버리면 그만이었다.

바댕테르가 『잘못된 길』에서 던지는 메시지는 간단하다. '여성의 희생자화'가 잘못된 방향에서 과도하게 사용되고 있다는 것이다. 그것이 바로 '잘못된 길'이라는 주장이다. 바댕테르는 1960년대 말 미국을 중심으로 부활한 급진적 페미니즘에 대해 단호하게 비판한다. "미국 페미니스트들은 남성과 여성은 본질적으로 다르다는 '남녀 분리주의'를 내세우고 남성은 폭력을 휘두르고 여성은 그에 대한 피해자라는 생각 아래 남성에 대항하여 투쟁하는 양식으로 여성운동을 전개하고 있다."[39] 바댕테르의 비판은 오늘날 국내에서 벌어지고 있는 페미니즘 현상에 그대로 적용된다. 13년 전의 지적이지만 말이다.

현대 페미니즘은 미국식 페미니즘 모델을 근간으로 삼고 있다. 영국의 사회학자 앤서니 기든스는 자신의 대표 사회학 개론서 『현대 사회학』에서 페미니스트 운동에 대해 이렇게 분석했다.

"19세기 페미니즘은 다른 지역보다 미국에서 발전하였고 대부분의 여성운동 지도자들이 미국의 여성운동을 모델로 삼았다. […] 20세기 초에 이르러 영국의 여성운동이 미국의 여성운동과 대등하게 성장하였다."[40] 이를 보더라도 한국의 페미니스트들이 미국 페미니스트 운동을 그대로 받아들여 국내에 적용했음을 알 수 있다.

그 페미니즘은 틀렸다

무조건적 여성 희생자화

미국 급진적 페미니즘 사상에서 여성은 '희생자화'된다. 즉 여성은 '남성 중심 사회 희생물'이다. 그래서 바댕테르는 이러한 여성의 희생자화는 마치 요술 지팡이처럼 여성들이 처한 문화적·사회적·경제적 차이를 없애버리고 유럽 여성이나 동양 여성이나 아랍 여성이나, 부르주아 여성이나 빈곤층 여성까지 똑같이 만들어 희생자 이미지를 끊임없이 강조한다고 보았다. 도깨비방망이가 따로 없지 않은가.

급진주의 페미니스트에 의하면 여성은 처음부터 끝까지 희생자여야 한다. 강해서는 안 된다. 무능력하고 연약해서 보호받아야 한다. "우리는 약자이므로 여성 할당제를 달라!" "여성 전용 시설을 만들어라!" "여성 배려 정책을 시행하라!"고 주장한다. 페미니스트들의 요구는 바로 이것이다.

여성 폭력의 외면

또한, 바댕테르는 언급되지 않은 여성 폭력 문제, 즉 생각지도 못했던 여성 폭력에 대해서도 직설적으로 말한다. (여성 폭력 문제는 나 역시 앞에서 다루었다.) 바댕테르는 "페미니스트들에게 있어 '여성 폭력'이라는 주제는 금기다. 그리고 어느 페미니스트도 '남성은 지배자, 여성은 피해자'라는 이미지가 주는 효과를 축소시킬 생각은 할 수도 없으며, 아예 그런 생각조차도 없다. 여성이 가하는 폭력은 하찮은 것이고, 그것은 언제나 남성 폭력에 대한 반응에서 나온 것이며, 따라서 이 폭력은 정당한 것이다"[41]라고 꼬집는다.

즉 여성 폭력에 대한 페미니스트들의 의도적 외면을 향해 통렬한 문제를 제기하였다. 유럽이나 미국이나 한국이나 여성 폭력 문제에 대하여 다루거나 말도 꺼내지 않는 것은 똑같은 모양이다.

바댕테르는 여성 폭력에 대해 나치 친위 대원으로서 수용자 박해와 학살 과정에서 자신의 임무를 수행한 수용소 여자 간수들의 사례를 든다. 실제 생존자들의 증언을 통해 여자 간수가 저지른 잔인한 고문과 구타 사례를 고발한다. 하지만 페미니즘 연구에서는 여성 나치 친위대 문제는 제외한다고 한다.

저자는 여성 폭력이 일상생활에서 일어나는 사례, 소녀들의 폭력에 대해 깊이 다루고 있어 페미니스트들이 외면하고 침묵으로 일관하는 문제에 대해 날카롭게 분석한다. '잘못된 길'로 빠져버린 페미니즘에 대한 비판적 성찰을 담은 이 책은 페미니스트가 불편하게 여기는 진실을 폭로해버렸다.

바댕테르 역시 10대 시절 시몬 드 보부아르의『제2의 성』을 읽은 후 페미니스트 길로 들어섰고 30년 이상 페미니즘 운동을 해온 인물이다. 그래서 깊은 성찰과 통찰력에서 우러나온 페미니즘 비판을 전개할 수 있었다.

요컨대 바댕테르의『잘못된 길』은 현재 국내에서 일어나고 있는 페미니즘이 가진 모순과 문제점을 매우 정확하게 짚어내고 있다는 점에 있어 시사점이 크다. 아쉽게도 이 책은 현재 절판 상태라 책을 구할 수 없다는 점이 안타깝다. 잘못된 길로 들어선 국내 페미니즘이 제대로 된 길을 찾기를 바라는 마음이다.

3·8 세계 여성의 날과
3개의 행렬

34주년과 110주년 사이

2018년 3월 8일, '세계 여성의 날'은 제110주년을 맞았다. 주목할 점은 대한민국 최대 좌파 진영 여성단체인 '한국여성단체연합'이 주관하는 3·8 세계 여성의 날은 제34회인 반면 노동조합에서 주관하는 3·8 세계 여성의 날 '전국여성노동자대회'는 제110주년이라는 것이다. 어찌 된 영문인지 세계 여성의 날을 기념하는 횟수가 서로 다르다.

한국여성단체연합은 자신들이 행사를 주관하기 시작한 1985년을 기준으로 세계 여성의 날 기념식 회차를 잡았기 때문에 2018년이 34회가 된다. 그런데 한국노동조합총연맹(한국노총)과 전국민주노동조합총연맹(민주노총)은 1908년 미국 여성 노동자들이 최초로 시위를 벌인 해를 시작점으로 삼기에 110주년이다.

3·8 세계 여성의 날은 1908년 미국의 1만 5,000명 여성 섬유 노동자들이 근로 여성의 노동 조건 개선과 여성의 지위 향상을 요구하며

시위를 벌인 것을 기념하는 것이 유래다. 1910년 8월, 덴마크 코펜하겐에서 열린 국제여성노동자대회에서 러시아혁명가이자 여성 노동운동가인 알렉산드라 콜론타이와 독일의 여성운동가 클라라 제트킨이 '여성의 날' 명칭을 제안하여 공식적인 이름을 갖게 되었다. 세계 여성의 날이 국가 공휴일로 지정된 국가는 북한, 중국, 러시아, 키르기스스탄, 우크라이나이다.

2018년 3·8 세계 여성의 날 기념식을 가장 성대하게 치른 단체는 한국여성단체연합이다. 세계 여성의 날 주제로 '내 삶을 바꾸는 성평등 민주주의'를 내걸었다. 한국노총의 세계 여성의 날 슬로건은 '여성이 희망이다. 노동이 미래다'이며, 민주노총은 '성별 임금 격차 해소, 3시 STOP'을 내세워 전국여성노동자대회를 개최했다. 이들 단체는 각각 기념식을 마친 후 거리 행진을 이어갔다. 세계 여성의 날은 똑같지만, 주관 단체의 정체성에 따라 3개의 다른 행렬이 생긴 셈이다.

세계 여성의 날이 만들어진 본래의 취지를 따져보면 노동계가 중심이 되어 여성 노동자가 주체가 된 대회를 치르는 게 바람직하다. 하지만 막강한 정치 권력을 가진 국내 최대 여성단체인 한국여성단체연합이 앞장서서 이끄는 모양새다.

여성 노동자를 대표하는 노동조합이 주최하는 세계 여성의 날 행사는 매년 한국여성단체연합의 현실적 힘에 눌린 양상을 보여주었다. 2018년 창립 31주년을 맞은 한국여성단체연합은 29개 여성단체의 연합단체로 전국 7개 지부를 운영하고 있다.

그 페미니즘은 틀렸다

한국여성단체연합의 강력한 영향력

군소 좌파 정당들은 한국여성단체연합과 민주노총 행사를 동시에 오갔다. 어느 한 단체 행사만 참석하기에는 곤란한 입장이라서 그렇다. 나 역시도 몇 해 전까지만 해도 한국여성단체연합이 주최하는 세계 여성의 날 행사와 노동조합이 주최하는 세계 여성의 날 기념 전국여성노동자대회에 차례로 참가하곤 했었다.

나는 한국여성단체연합이 주관하는 행사를 여러 차례 참가하며 복잡한 심경이었다. 메이저급 단체답게 참가하는 인사와 단체의 면면이 화려하다. 이 단체가 배출한 여성 정치인이 기념식장에 등장하기도 한다. 하지만 일회성에 그치는 퍼포먼스 연출, 유력 정치인들의 얼굴 내밀기, 여성단체 상층부 명망가들의 거창한 진용은 불편한 마음이 생기게 한다.

한국여성단체연합이 가진 정치적 권력은 대단하다. 이 단체가 계속 배출하는 여성 정치인들은 페미니스트들이 흔히 말하는 유리 천장을 뚫고 올라간 입지전적 인물들이다. 하지만 정확히 말해 여성 배려 정책인 '토큰적 지위token status'를 이용해서 정계에 진출한 케이스다. 정치권 진입을 한 한국여성단체연합의 상층부 여성 인물들은 거물급들이 즐비하다.[42]

가장 거물 여성 정치인은 한국여성단체연합의 4대 대표였던 한명숙으로 2선 국회의원, 초대 여성부 장관, 환경부 장관, 37대 국무총리를 지냈다. 1대 대표 이우정 국회의원, 5선 국회의원 경력의 이미경, 5대 대표로 여성부 장관을 지낸 지은희, 6대 대표이자 17대 국회의

원었던 이경숙, 현재 바른미래당 국회의원 박선숙, 한국여성단체연합의 연합단체 중 하나인 한국성폭력상담소 이사장을 지낸 바른미래당 국회의원 김삼화 등도 한국여성단체 연합 출신의 거물 정치인이다. 2018년 6월 현재, 여성가족부 장관 정현백은 한국여성단체연합의 7대 대표였으며, 더불어민주당 국회의원 남인순과 권미혁은 이 단체의 상임대표 출신이다. 더불어민주당 국회의원 정춘숙은 한국여성단체연합의 여성인권위원장을 역임했다. 이들 여성 정치인의 공통점은 당선권 내 비례대표 공천을 받아 국회의원으로 직행하는 것이다. 한국여성단체연합의 상임대표를 지내면 비례대표 국회의원은 떼어놓은 당상이라는 말도 있다.

이렇다 보니 한국여성단체연합의 위상은 그 어느 단체보다 막강하다. 유력 정치인치고 이 단체의 눈치를 보지 않은 이가 없다. 나는 한국여성단체연합이 매해 주최하는 후원의 밤 행사에 몇 차례 참석했었는데 그 자리는 상당히 불편하고 이질감을 주었다. 단체가 배출한 전현직 거물 여성 정치인들과 유명 변호사, 시민사회단체의 상층부 인사들과 활동가들이 모인 그들만의 사교 모임 성격이었다.

이른바 좌파 진영 시민사회단체의 네임드 인사들이 한껏 치장하고 모여 서로 추켜세우는 모습에서 그들의 허위의식을 느꼈다. 그러면서 '과연 이 사람들이 보통 여성들의 삶, 보통 여성 노동자들이 직업 현장에서 맞닥뜨리는 문제에 얼마나 깊이 인식하고 있을까?' 하는 의구심을 품게 되었다. 그리고 사각지대에 놓여 있는 빈곤층 여성들의 절박한 현실을 제대로 알고 있는지 회의가 일었다.

소수 엘리트 여성에게만 열린 기회의 창

다음번 국회의원 선거 때는 누가 비례대표로 국회의원 배지를 달까? 한국여성단체연합 상층부 인사들은 언제까지 자동으로 장관이나 국회의원 자리를 거머쥘까? 좌파 정당은 또 언제까지 당연한 듯 이들을 유력 순번의 비례대표 국회의원으로 영입할 것인가?

이제는 바뀌어야 하지 않을까? 여성을 대표하는 정치인에게 의회활동 기회를 준다면, 현장에서 여성들의 문제를 가지고 투쟁하는 진정한 활동가로서 올바른 정책을 수립하고 능력을 발휘할 수 있는 인물을 발탁해야 옳지 않은가?

한국여성단체연합 상층부 여성 지도자들은 언제까지 여성 배려, 여성 토큰적 지위를 얻어 정계에 진출할 것인가? 여성 토큰적 지위의 열매는 언제나 소수의 고학력 엘리트 여성에게만 한정되어 있다. 그녀들에게 유리 천장을 뚫었다는 자부심에 넘칠지라도 말이다.

2018년 3·8 세계 여성의 날, 예년과 다름없이 한국여성단체연합, 한국노총, 민주노총 3개의 행렬이 행진하는 것을 보며 한없이 안타깝고 혼란스러운 심정이다.

여성단체들이
패러다임을 바꾸어야 할 때

유력 인사 정계 진출이 목표가 될 수 없다

대표 여성단체인 '한국여성단체연합'을 비롯한 주요 여성단체는 주로 정치적 권한 확대를 꾀한다. 정치권에 얼마나 많은 여성이 진출하느냐에 사활을 건다. 이들의 상층부는 정치권으로 들어가는 회전문이다.

여성단체 상층부 인사들은 '여성 할당제'라는 제도를 통해 비례대표로 국회나 지방의회 등 정치권으로 진입하곤 한다. 각 정당은 국회와 지방의회 의원 비례대표 후보 공천 과정에서 여성에게 홀수 번호를 배정하는 관행이 있다. 국회의원 비례대표 선거의 경우 이러한 여성 할당제를 통해 여성이 전체 당선자의 50%를 차지하며 의원 배지를 달게 된다.

여성 할당제는 정치권에서 소수인 여성을 배려함으로써 평등을 꾀한다는 관점에서 도입되었다. 정치권뿐 아니라 공공부문, 기업체 임원 배정 등에서 여성 할당제는 갈수록 다양하게 확대되고 있다. 그런

그 페미니즘은 틀렸다

데 이 여성 할당제의 열매를 결국은 소수 고학력 엘리트 여성들이 전유한다는 점을 지적하지 않을 수 없다.

한국여성단체연합의 대표를 맡으면 어김없이 국회의원 선거에서 당선에 유리한 순번을 배정받아 국회로 입성한다. 여성 할당제가 이들을 위해 존재하는 것인가?

대다수 여성들의 삶을 위한 제도 개선과는 거리가 먼 여성단체 상층부 인사들의 의회 입성 관문으로 전락한 것이 여성 할당제다. 여성이 정치권의 소수이고 사회적 약자라는 명분을 내세워 여성 할당제를 악용하고 있지는 않은지, 이것이 남성 역차별을 일으키지는 않는지 진지하게 돌아봐야 할 문제다.

성평등의 본질은 연대와 휴머니즘

여성의 정계 진출이 활발해지고 여성이 여러 부문에서 영향력을 넓히는 것은 환영할 만한 일이다. 그러나 그것은 여성운동이나 성평등의 본질적 목표는 아니다. 남성 전체를 악의 축으로 규정하고 이들과 싸워 여성만의 권력을 획득하는 것을 중심에 두는 동안 대다수 여성, 특별히 빈곤과 소외로 고통을 겪는 여성들의 삶은 더욱 피폐해진다.

앞에서 여전히 힘겹게 사는 빈곤층 여성, 여성 노인, 미혼모, 여성 노숙자들의 문제를 다루었다. 이것은 여성의 권익이 눈부시게 높아진 한국 사회의 어두운 그림자다. 수많은 여성단체가 있지만, 이 문제에 발 벗고 나서는 곳은 찾아보기 어렵다. 왜 그럴까? 기존의 패러다임과 관행에 머물러 있기 때문이다. 투쟁하고 대립하며 몫을 할당받아 권력을 얻는 데 중점을 두는 데 익숙한 탓이다.

전국 혹은 지방 단위로 수없이 존재하는 여성단체들이 자기 일을 찾았으면 좋겠다. 관념이 아닌 현실 세계에서 몸부림치는 여성들을 구체적으로 돕는 일에 나서는 게 그 답이다. 그러면 해야 할 일이 무궁무진하게 보일 것이다. 이 일을 위해 남성들과 적극 연대해야 한다. 성평등을 향한 여성운동의 본질은 휴머니즘과 연대에 있으니 말이다.

페미니스트가 아니라 휴머니스트가 되자

페미니즘은 여성의 지위 향상과 권한 강화로 요약할 수 있다. 즉 여성의 이익을 위한 캠페인이다. 페미니스트는 여성의 권익을 위한 정치적·사회적 활동을 한다. 페미니스트는 사회 전체를 가부장적 구조로 보기 때문에 여자가 남자의 지배를 받는 종속적인 관계로 규정한다. 따라서 성 대결은 필수적이다. 아니 그렇게 되도록 부추긴다. 페미니즘, 특히 급진적 페미니즘은 성 대결이 존재하는 이유가 된다.

그렇다면 이대로 좋은가? 협력하고 연대하는 성평등에 초점을 두면 안 되는가? 페미니즘은 휴머니즘에서 시작됐다. 남성의 문제와 여성의 문제는 따로 존재하지 않는다. 상호 연관되어 있다. 그래서 연대해야 하고 인본주의, 즉 휴머니즘이 바탕이 되어야 한다. 페미니스트 운동이 아니라 여성운동이어야 한다. 과거부터 여성운동은 언제나 남성, 여성이 협력하고 연대해왔다.

연대solidarity의 어원은 라틴어 '솔리두스solidus'에서 유래했다. 솔리두스는 '밀집' '오래 견디는' '굳건한' 등의 뜻이 있다.

높은 수준의 성평등에 도달한 노르딕 국가의 힘은 연대에서 나왔다. 사회를 이루는 공동체와 서로의 책임 문제는 연계되어 있다. 연대는 협력이 바탕이며 타협이 전제되어야 한다. 연대는 배타적이지 않고 차별적이지 않다. 우리 사회는 상호 의존적이다. 남성과 여성은 상호 협력을 필요로 한다.

현재 페미니즘은 이러한 연대의 정신에서 벗어나 있다. 페미니즘의 방향은 잘못되었으며 변질되었다. 수십 년 동안 이어진 페미니즘 운동의 역사적 성과마저 퇴색되고 있다. 유럽의 세계적 석학 토니 주트의 말은 새겨들을 만하다.

"많은 페미니스트는 상층·중간계급 출신이며, 이들이 지닌 단 한 가지 불리한 조건은 기껏해야 사소한 결점일 뿐인 여성이라는 사실이다. 바로 그렇기 때문에 이들은 여성이라는 사실이 결코 자신들의 가장 큰 어려움이 아닌 부류의 더 많은 사람이 있음을 보지 못한다."[43]

국내 페미니스트계 상층부는 고학력 여성들로 이루어져 있다. 게다가 특정 여자대학교 출신이 대다수를 이룬다. 토니 주트의 말대로 이들의 단 한 가지 불리한 조건은 여성이라는 것뿐이다. 그런데 왜 페미니스트들은 성평등 담론이 아닌 페미니즘을 외칠까? 페미니스트는 성평등 담론을 수용하지 않기 때문이다. 성평등 담론 자체가 남성 중심적 논리라고 한다. 성평등을 수용한다는 자체가 가부장적인 구조에서 절대 벗어나지 못하기 때문에 성평등이 아닌 페미니즘을 주장한다. 이것이 바로 급진적 페미니즘의 근본 원리이며 레즈비언 페미니즘 이론과 일치하는 점이다.

성평등 담론이 남성 중심적이라는 규정은 근거가 없다. 높은 수준의 성평등을 이룬 북유럽 사회가 남성 중심 사회인가? 이 나라들은 남성과 여성을 갈라놓는 페미니즘이 아니라 성차별을 방지하는 제도적 장치로 성평등 사회를 이루었다. 우리가 만들어야 할 사회는 성적 차별을 없애는 성평등 사회이지, 낡은 고정관념인 페미니즘이 지배하는 곳이 아니다.

성평등은 연대를 필요로 한다. 페미니스트가 아니라 휴머니스트가 되자. 그게 훨씬 멋진 일이다.

에바 플렉켄의
양성평등

양성평등에 관한 좋은 글이 있어서 소개하고 싶다. 알렉산더 페트링 등이 쓴 『복지국가와 사회민주주의』 중 양성평등에 관해 다룬 부분이다. 짧은 내용이지만 매우 탁월한 문제의식을 보여준다. '사회민주주의총서'는 총 세 권으로 발간되었으며 프리드리히 에버트 재단이 독일에서 민주시민 교육을 위해 사용한 책을 번역한 것이다. 평소 내가 생각했던 바와 정확히 일치하기에 옮겨보았다.[44]

이 글을 쓴 에바 플렉켄은 독일 사회민주당 연방 국회의원 정치 보좌관이다. 현재 페미니즘 이론에 대한 의사소통 이론적 비판에 관해 박사학위 논문을 쓰고 있다. 뮌스터대학과 빈대학에서 커뮤니케이션학, 사회학, 거시경제학을 공부했다.

여전히 유효한 양성평등 이슈
어머니가 아버지보다 적게 일하는 것이 정의로운가? 여성 노동자가 남성 노동자보다 적은 임금을 받는 것이 정의로운가? 남학생이 여학생보다 나쁜 성적을 받는 현상이 점차 확산되고 있는 것이 정의로운가?

이러한 질문은 양성평등과 관련해 다루어야 하는 문제의 일부에 지나지 않는다. 양성평등의 의미는 남성과 여성의 삶의 현실을 모든 정책 영역에서 체계적으로 고려하는 것이다. 말하자면 양성평등은 분배 정의의 네 가지 원칙을 관통하고 있으며, 특히 성과 기반 정의와 기회의 평등원칙에 투영된다.

양성불평등에 대한 문제의식은 전혀 새로운 것이 아니다. 그럼에도 남녀 성 역할의 차이는 줄어들지 않았다. '기저귀 갈기 견습생(육아휴직을 신청한 남성을 비웃는 표현)', '까마귀 부모(아이를 돌보지 않는 무책임한 부모를 일컫는 표현)' 논란이 지금까지도 계속되고 있기 때문에 양성평등 이슈는 사회정치적으로 여전히 유의미하다. 성 역할을 둘러싼 논란이 끊임없이 새롭게 등장하고 상승작용을 통해 증폭되고 있는 것이 현실이다.

양성평등의 다차원성

여성주의feminism의 내용은 수십 년 동안 변화를 거듭해왔으며 그것의 강조점 또한 이동하고 있다. 1970년대의 시대적 상황에서 급진적 요구가 불가피했다면 현 시기 여성주의는 협력 관계에 기초한 양성평등에 초점을 맞추고 있다. 사회 구조적인 변화와 여성주의의 지속적인 발전에도 여성주의적 요구는 오늘날에도 여전히 정치적으로 중요한 이슈로 남아 있다.

여성주의자들의 요구는 독일 복지국가와 관련해서 특별한 정당성이 부여된다. 예를 들어 노년층 빈곤은 여전히 여성의 문제이며, 부부 합산 과세 제도는 현실에서 여성 고용을 저해하는 요인으로 작용하고 있다. 더구나 최근 들어 남녀불평등의 새로운 징후가 나타나고 있다. 일부 영역에서는, 예를 들어 교육의 경우에는 남성차별 문제가 등장하고 있다.

그로 인해 남성과 여성이 모두 불평등에 대항해 투쟁하고 있다! 하나의 불평등을 또 다른 불평등으로 상쇄할 수 없기 때문에 경제적으로 그리고 사회 정책적으로 양쪽의 균형을 맞추려는 시도는 무의미하다. 오히려 현대 사회의 양성불평등이 다차원적이라는 것에 관심을 집중해야 한다. 혼자 아이를 키우는 어머니와 마찬가지로 혼자 아이를 키우는 아버지도 보육의 문제를 잘 알고 있다. 남성 간호사도 여성 간호사와 마찬가지로 비인간적인 저임금으로 고통받고 있다.

즉 양성평등 이슈는 다층적이며, 그리고 그 어느 때보다도 절실한 현실적 문제인 것이다. 다원적인 사회는 분배 정의를 위한 좀 더 정교한 전략뿐 아니라 전체적으로 정의의 원칙에 입각해 차별화된 접근을 요구한다. 이는 양성평등에도 마찬가지로 적용된다.

높은 수준의 성평등을 이룬
노르딕 국가

성평등지수·여성 취업률·행복지수·출산율이 모두 높은 나라

성평등지수가 세계에서 가장 높은 나라를 꼽을 때 흔히 스칸디나비아 3개국인 스웨덴, 노르웨이, 덴마크를 든다. 그러나 핀란드, 아이슬란드를 포함한 노르딕 국가라 해야 정확하다. 우리가 북유럽이라 부르는 노르딕 국가는 거의 완벽에 가까운 성평등을 성취했다. 성평등뿐 아니라 행복지수 또한 늘 최상위권을 차지한다. 이는 성평등과 행복지수는 비례 관계에 있다는 사실을 보여준다. 그리고 높은 수준의 민주주의 발전과도 직결되어 있다.

핀란드는 1906년 유럽 최초로 여성 투표권을 획득했으며 노르웨이는 1970년에 세계 최초로 정치 부문에서 여성 할당제를 도입했다. 북유럽은 손꼽히는 성평등 사회이지만, 페미니스트 정당이 창당되어 정치 활동을 하고 있다. 언뜻 이해가 안 가는 면이 있다. 뭐가 아쉬워서 그럴까? 하지만 깊이 들여다보면 북유럽의 사회 번영을 위한 노

　　　　　　　그 페미니즘은 틀렸다

력, 인간 개발에 투자하고 혁신하는 정신을 발견할 수 있다.

페미니스트 정당의 현황을 간략히 보자.

스웨덴, 노르웨이, 핀란드는 페미니스트 정당이 창당되어 활동 중이다. 가장 오래된 역사를 지닌 스웨덴 페미니스트 정당은 2005년에 창당되었는데 스웨덴 의회에 진출하지는 못했다. 하지만 2014년 유럽연합의 입법기구인 유럽의회 선거에서 역사상 최초로 비례대표 1명이 의회에 진출하는 데 성공하였다.

스웨덴 페미니스트 정당의 중요 정책은 기존 결혼 제도 비판이다. 결혼 및 동거 등록 제도 거부, 평등과 연대 강조, 복지제도 개혁과 강화 요구를 핵심 정책으로 내걸고 있다. 또한, 반인종주의를 명시적으로 내세움으로써 백인 페미니즘에 대한 거부감을 드러내고 있다.[45] 노르웨이 페미니스트 정당은 2015년 창당되었고 현재 의석 확보는 없다. 핀란드 페미니스트 정당은 2016년 창당했으며 2017년 지방선거에서 시의원 1명을 당선시켰다.

스웨덴은 세계 최고 수준의 여성 경제활동을 자랑한다. 무려 83% 가 일하는 여성이다. 게다가 노르딕 국가의 출산율은 유럽에서 가장 높다. 출산율은 여성 1명이 평생 출산하는 평균 출생아 수를 말한다. 아이슬란드가 출산율 2.08명으로 가장 높고 스웨덴 1.94명, 노르웨이 1.90명, 핀란드 1.84명, 덴마크 1.83명으로 노르딕 국가 전체적으로 비슷하다. 반면 한국 합계출산율은 2017년 1.05명으로 역대 최저치를 나타냈다. 이런 추세로 나가면 한국의 출산율은 더 하락할 것이다. 설상가상으로 남성 혐오 만연, 여성 우월주의, 남녀 분리주의로 진행되는 국내 페미니즘 경향은 출산율을 최악으로 몰고 가는 데 한 몫하리라 보인다.

스웨덴의 이야기를 좀 더 해보면, 1930~1940년까지 여성을 위한 복지제도를 선택적으로 시행했다. 여기에는 중요한 이유가 있다. 바로 저출산 때문이다. 가난한 농경 국가였던 스웨덴은 제1차 세계대전, 러시아 볼셰비키혁명, 세계 대공황 발발과 제2차 세계대전의 전운이 감돌던 시기를 거치는 동안 인구가 급감했다. 스톡홀름 인구의 3분의 1가량이 대부분 당시 신천지라 불리던 미국에 이민 갈 정도였다.

스웨덴 사회민주당은 1920년에 최초로 집권하며 복지국가 청사진을 마련했다. 하지만 인구 감소는 계속되었다. 이때 경제학자였던 군나르 뮈르달, 알바 뮈르달 부부는 1934년에 공저『인구 문제의 위기』를 발간하여 큰 반향을 일으켰다. 스웨덴 인구 감소와 저출산은 미래의 위기를 초래한다고 분석했으며 종합적인 복지정책, 특히 여성 친화적 복지정책을 제시했다. 사회민주당은 이를 토대로 복지국가의 기틀을 잡았다. 인구 감소는 미래의 노동자, 납세자가 줄어든다는 의미와도 같다.

『인구 문제의 위기』는 저출산 위기를 진단한 스웨덴의 백년대계를 내다본 획기적인 저서였다. 군나르 뮈르달은 노벨 경제학상, 알바 뮈르달은 노벨 평화상 수상자다.

역사적 맥락과 사회적 노력

노르딕 국가는 어떻게 높은 수준의 성평등에 도달했을까? 일하는 여

그 페미니즘은 틀렸다

성이 많고 행복지수가 최상위권이며 출산율까지 높을까? 그 비결은 '성평등' 가치에 있다. 노르딕 국가 중 스웨덴과 노르웨이의 페미니스트 운동은 서로 유사하게 전개되었고 상당히 격렬했다.

1970년 초, 급진적 페미니스트 운동이 스웨덴과 노르웨이에도 등장했지만, 미국에서 발달한 급진적 페미니스트 운동과는 양상이 달랐다. 스웨덴과 노르웨이 페미니스트 운동은 사회주의적 경향을 띠어 마르크스적 관점에서 여성 문제에 접근하는 면이 강했다. 미국의 급진적 페미니즘은 남성이 성 권력으로 여성을 억압하고 성 착취로 여성을 종속시키는 이론에 주목하지만, 스웨덴과 노르웨이 페미니스트 운동은 '모든 아이를 위한 무상 보육' 등 정책적인 이슈가 중요한 사항이었다.

그런데 노르딕 국가는 급진적 페미니즘이 휩쓸던 무렵인 1970년쯤에 양성평등으로 전환했다. 이를 가리켜 자유주의 페미니즘을 받아들였다는 평가도 존재한다. 하지만 공동체 의식의 발달과 사회 구성원 간의 강한 유대감이 주요한 이유다.

북유럽 국가가 모범적 복지와 성평등 사회를 이룬 배경에는 이들 국가만의 역사적 맥락과 특징이 있다. 북유럽 국가 중 스칸디나비아 국가들은 과거 연합 왕국이었다. 덴마크가 강국으로 스웨덴과 노르웨이를 지배하였으나 나폴레옹 전쟁 와중에 덴마크와 스웨덴이 전쟁을 치렀다. 스웨덴이 승리하자 덴마크는 노르웨이를 스웨덴에 양도하였다. 그래서 스웨덴과 노르웨이는 약 100년간 연합 왕국이었다. 이후 1905년에 연합 왕국을 해체함으로써 노르웨이는 명실상부한 독립 국가가 되었다. 연합 왕국이었으며 단일 민족으로 구성되었다는 동질감이 있다.

노르웨이, 스웨덴, 덴마크는 사회민주당의 장기 집권으로 복지국가를 완성하였다. 또한, 스칸디나비아 국가들은 마르틴 루터의 종교 개혁 이후 '루터교'를 받아들인 공통점이 있다. 노르웨이를 비롯한 스칸디나비아 국가는 인구의 90% 이상이 개신교인 루터교 신자다. 이 같은 역사적 배경을 고려해보면 북유럽 특유의 공동체 정신과 강한 유대감을 이해할 수 있다. 나라마다 역사적 배경이 다르고 사회 발전의 맥락에 차이가 있지만 적어도 북유럽 국가의 공동선을 위한 정신은 우리가 배워야 할 점이다.

노르딕 국가의 장점은 계급 타협, 즉 '사회 협정' 정신이다. 물론 계급 충돌이 있었지만, 노동자와 자본가, 농민의 전반적인 사회 협약의 수립이 포괄적으로 이루어졌고, 극렬한 대립이 아닌 협상, 합의, 정책이 강조되었다. 성평등 제도화도 사회 협정이 바탕이 된 결과였다.

모나 살린, 토블론 스캔들: 무관용 원칙

성평등지수 세계 최고 수준을 자랑하는 북유럽 국가는 남성과 여성에게 동등한 권리와 의무가 부여되는 사회다. 스웨덴 정부는 여성과 남성이 동일한 수로 내각을 구성하고 있는 완벽에 가까운 양성평등을 이루고 있다. 스웨덴, 노르웨이, 덴마크는 사회민주당이 오랜 기간 패권을 잡아 모범적인 복지국가를 만들었다. 그중 스웨덴 사회민주당 강령의 일부분을 보자.

그 페미니즘은 틀렸다

"여성과 남성이 서로 동등하고 서로 존중하는 세상을 구축하기를 열망한다. 우리는 모두 서로 상호적이라는 인식하에 협력과 서로에 대한 배려와 존중과 모든 사람에게는 동등한 권리와 가능성이 주어져야 하고 그와 동시에 동등한 책임과 의무가 부과되어야 한다."

높은 수준의 성평등 사회, 하지만 여성과 남성이 권리와 책임을 동시에 지는 사회임을 명확히 한 것이다.

스웨덴의 공직자 윤리가 얼마나 '무관용 원칙'에 충실한지를 보여준 유명한 사건이 있다. 스웨덴 사회민주당 소속 모나 살린의 유명한 스캔들이 있다. 모나 살린은 탁월한 능력을 갖춘 유명 여성 정치인으로 노동부 장관, 성평등부 장관을 거쳐 사회민주당 당수로 1995년 부총리에 올랐다. 이제 스웨덴 최초로 여성 총리 탄생이 기정사실이 되는 기류였다. 하지만 작지만 결정적 실수 한 가지가 모나 살린을 정치권에서 낙마시켰다. 그녀는 퇴근 후에 조카에게 줄 기저귀와 생필품 몇 가지, 토블론 초콜릿을 상점에서 샀다. 당장 현금이 없었던 그녀는 우선 공공 신용카드로 결제한 후 다음 날 곧바로 입금했다. 그런데 이 사실이 알려지며 공직자로서 부적절함을 질타받았다. 결국 부총리직을 사임하고 정계를 떠나게 되었다. 스웨덴이 공직자 부정부패에 얼마나 단호한지 극명하게 보여준 사례다.

만약 이와 같은 일이 한국에서 일어났다면 어떻게 되었을까? 국가 최고 지도자를 눈앞에 둔 여성 정치인이 기저귀와 초콜릿을 기관 신용카드로 산 후 곧바로 개인적으로 입금했는데 그게 무슨 대수냐고 했을 것이다. 특히 페미니스트계에서 "여성 정치인 죽이기 멈춰라!"

"여성이라는 이유인가!" "다른 것도 아니고 아기 기저귀를 샀는데 부정부패냐!" 등의 구호가 나왔을지도 모른다. 아예 뉴스거리도 안 되었을 가능성도 크다.

모나 살린의 사건은 스웨덴 사회가 얼마나 투명한지를 드러낸다. 그리고 반부패 앞에서는 남녀가 따로 있지 않음을 보여준다. 성평등 사회는 남성과 여성이 권리와 책임을 동시에 지는 사회다. 그것이 공동선을 위한 길이기에!

그 페미니즘은 틀렸다

여성 친화적 복지

페미니즘을 비판하는 이유

"당신은 진보주의자로 알고 있는데 왜 그렇게 페미니즘을 강하게 비판하는가?"

나는 가끔 이런 유의 질문을 받곤 한다. 페미니즘은 진보가 지지하는 가치인데 나의 페미니즘 비판을 이해하지 못하겠다는 뜻이다.

남성의 일방적 지배는 그 역사가 오래되었다. 그런데 19세기에 이르러 여성운동이 세력화되기 시작하였다. 제1물결에 해당하는 시기의 여성 참정권 획득 투쟁의 역사는 자랑스럽고 위대하였다. 하지만 오늘날 페미니즘 운동은 분명히 변질되었다. 페미니스트 전체 진영과 특히 상층부 인사들의 방향성이 잘못되었다. 그 점을 나는 비판하는 것이다. 또한, 진보주의자(나는 좌파라는 단어를 선호한다)들만 페미니즘의 소유권을 가진 것은 아니지 않은가?

나는 수년간 여성운동을 경험했고 현재는 복지국가운동을 하면서 서구의 복지국가를 공부하는 모임을 이끌고 있으며 사회연대 정신을 실현하기 위한 단체에서 활동하고 있다. 나는 전 세계를 통틀어 가장 모범적이고 성공적인 복지국가로 노르딕 국가(스웨덴, 노르웨이, 덴마크, 핀란드, 아이슬란드)를 꼽는다. 우리가 북유럽이라 부르는 이들 국가는 최고 수준의 양성평등을 성취했다. 사회민주주의적 복지제도가 정착된 국가들에 깊은 관심을 두면서 이들 나라의 페미니즘 운동 또한 사회운동의 하나로 함께 진행되었음을 알게 되었다. 페미니즘 이론도 같은 맥락이었다.

연대와 평등의 여성 친화적 복지국가 모델

나는 일찍이 노르딕 국가의 정치 체제와 경제사회 모델, 사회안전망에 주목했다. 이 나라들은 평등하고 행복지수가 높으며 사회갈등 해소를 위한 강한 공동체 의식과 유대감이 형성되어 있다. 그리고 남성과 여성에게 동등한 권리와 의무가 부여된다.

핀란드는 1906년 유럽 최초로 여성 참정권을 부여했다. 노르웨이는 유럽에서 가장 민주적인 헌법을 가진 나라로 1913년에 여성 참정권을 부여했다. 스웨덴 여성 참정권은 1918년에 도입되었다. 이처럼 북유럽 국가는 여타 유럽 국가들보다 훨씬 앞섰다.

스웨덴은 성평등을 본질적 가치로 삼는데, 1937년 임신부 보호 정책을 시행하였다. 노르웨이는 스웨덴보다 훨씬 앞서 1909년에 모성휴가 제도를 시행했다. 그리고 노르웨이는 1970년 세계에서 최초로 여성 할당제를 실천에 옮겼다.

복지국가 건설 초기에 '여성 친화적 복지제도'로 양성평등을 이룬 북유럽의 힘은 사회통합 정신에서 우러나왔다. 타협과 협상으로 집단의 자기 이익의 관점을 넘어 공동체의 선을 추구하였다. 여성 친화적 복지정책이라고 해서 여성의 이익만을 앞세우는 것이 아니라 남녀 모두에게 이로운 제도로 정교하게 디자인되었다.

스웨덴은 1960년대 복지국가 황금기를 누리며 적극적인 가족 정책, 여성 정책이 제도화되어 오늘에 이르렀다. 스웨덴은 합의·협상·통합 정신을 바탕으로 공동의 이익을 위한 정책을 만들어나간다. 타협과 합의에 도달하는 과정은 '느릿느릿'이다. 절차적 '느릿느릿'은 북유럽 국가 의사결정 과정의 특징이기도 하다. 무엇이든 '빨리빨리' 해야 직성이 풀리는 한국의 특징과는 완전히 상반된다. 특정 이슈에 대한 급격한 '쏠림 현상' 역시 마찬가지다. 요즈음의 페미니즘 열풍도 같은 맥락에서 보아야 할 것이다.

스웨덴과 노르웨이의 페미니즘 운동은 유럽과 미국보다 훨씬 급진적으로 전개되었다. 하지만 자유주의 페미니즘 정책이 영향을 끼쳐 1970년대 말 '성평등법'을 제정하여, 양성평등 정책을 체계적으로 제도화하였다. 협력 관계에 기초한 양성평등의 실현은 '연대와 평등Solidarity and Equality' 정신에 따른 것으로 북유럽 복지국가의 핵심 가치이기도 하다. 남성의 문제, 여성의 문제가 각각 따로 있는 것이 아니다. 상호 의존적 사회에서 연대는 필수적이다.

나는 북유럽 국가의 여성 친화적 복지를 통해 양성평등 국가를 이룬 이들 나라에서 교훈을 얻었다. 여성 친화적 복지정책도 국민 세금으로 이루어진다. 연대의 결과물이다. 여성은 권리는 물론 의무도 똑같이 감당한다. 북유럽 국가들은 이것을 가장 잘 실현해왔다. 그런 점에서 나는 '여성 친화적 복지'를 주장한다. 여성 친화적 복지는 인구 문제의 위기와도 깊은 연관이 있다.

아래 내용은 2014년 10월 '참여연대 사회복지위원회 20주년 기념 심포지엄'의 초청을 받아 발표한 토론문이다. 이날 심포지엄에는 국내 최대 여성단체인 한국여성단체연합 관계자도 토론자로 참석했다. 토론자 중 나는 유일하게 '여성 친화적 복지'를 기조로 발표하였다.

한국 복지국가운동의 어제, 오늘 그리고 내일
(참여연대 사회복지위원회 20주년 기념 심포지엄 토론 발표문)

일시: 2014년 10월 31일 13:30~17:30
장소: 참여연대 느티나무홀

들어가는 말

한국의 복지국가운동의 역사는 매우 짧다. '복지국가 만들기'라는 말이 회자된 지 불과 6~7년 정도에 불과하다. 국민에 대한 국가적 제도인 사회복지 서비스 및 관련 복지도 매우 미흡한 수준에 이르고 있다.

1989년 전 국민을 대상으로 실시된 대표적인 보편적 복지제도의 하나로 '국민건강보험'이 있다. 김대중·노무현 정부를 거치면서 도입

그 페미니즘은 틀렸다

된 기본적인 사회안전망인 '국민기초생활보장제도' '기초노령연금제도(현 기초연금)'를 제외하면 사회적 권리로서의 보편적 복지제도라고 불릴 만한 복지 서비스가 없는 실정이다.

따라서 복지제도의 개혁 과정이라든가 정책 변화에 대한 전반적 평가나 분석 또한 딱히 검토할 만한 내용이 없다. 중요한 점은 자유주의 정치경제 이념이 만연한 한국 사회에서 복지국가 담론 형성은 자유주의의 담론을 뛰어넘는 정의의 논리, 정당화의 논리를 제시해야 하며 향후 한국 복지국가운동의 초점은 복지제도 미래 방향성에 맞춰져야 할 것으로 본다.

① 담론적 설득력 한계에 직면한 복지국가운동

복지국가는 고세율-고혜택이다. 국가가 세금과 징수금을 통해 개입하는 것이 필수적으로 요구된다. 부를 가진 최상위층, 즉 세금 지불 능력이 더 많은 그들에게 증세해야 가능하다. 그들은 반박할 것이다. "부자들의 소득 역시 '피와 땀'으로 획득한 재산이다. 그런 소득에 대해 증세하는 것은 정당하지 못하며 빼앗는 짓이다." 또한, 국민 대다수는 증세에 대해 이중적인 태도를 취하고 있다.

그렇다면 어떻게 설득할 것인가? 예컨대 영국 노동당은 1970년대에 연간 10억 원이 넘어가는 소득부터는 89%의 세율로 과세했다. 그리고 1970년대까지만 해도 모든 선진국(미국, 스웨덴, 독일, 일본 등 모두 포함)에서 소득세 최고 세율은 75~90%였다. 영국 노동당은 "제 아무리 뛰어난 개인 능력과 재능을 가진 개인도, 타인의 10배 이상의 소득을 얻는다는 것은 불가능하다. 그 이상의 소득은 명백한 착취 또는 요행의 결과, 즉 불로소득인 바, 이것에 대해서는 89%의 세율로 과세해야 한다"고 보았다. 그러한 고율 과세의 논거는 '불로소득=착취'론이었다. 즉 '정당한 소득'이란 '자신의 노동과 노력의 대가'로 얻은 것이어야 하며, 그것을 초과하는 소득은 모두 불로소득이며 불로소득이란 결국 타인의 노동과 노력의 성과를 그가 가져가는 '착취' 또는 '요행(행운)'의 결과일 뿐이다.

자본주의 경제 체제하에서는 자신의 노동 대가를 초과하는 불로소득(자산소득, 자본소득)이 발생한다. 그 불로소득은 근로소득과 정면 대립한다. 자본주의 착취론이다. 복지국가운동에 필수적인 부자증세를 하기 위해서는 자본주의적 착취에 대한 비판의 논리, 그 정당성의 논거 제시가 있어야 한다. 이것도 없이, 과연 '포괄적 부자 증세와 대기업 증세'가 가능하겠는가?

② 한국 복지국가운동의 철학은 무엇인가?
'스칸디나비아형 사회민주주의적 복지국가 모델'

복지국가운동을 하는 제반 단체와 복지국가 만들기 활동가들이 가진 복지국가 철학이 무엇인지 궁금하다. 어떤 사상적 기반, 정치경제 이념을 지니고 있는가?

나는 사회민주주의를 지향하며 '스칸디나비아형 사회민주주의적 복지국가 모델'을 가치 있는 목표로 설정하여 활동하고 있다.

오늘날 세계에서 가장 성공적인 복지국가인 스웨덴의 복지제도는 사회민주주의자들의 작품이었다. 아시다시피 스웨덴 복지제도의 대표 개념인 '국민의 집'은 1930년 본격적으로 시작, 사상적 기반이 되어 1970년대까지 40여 년 동안 변화와 개혁의 길을 걸었다. 그것도 매우 현명하고 실용적인 방법으로 사회적 설득과 동의, 합의를 이끌어내면서 말이다.

자! 그렇다면 한국 복지국가운동가들의 사상적 기반은 무엇인가? 대중들은 자주 묻는다. 복지는 보수당도 한다. 누가 하든 복지만 하면 되지 않나? 당신들의 복지는 보수적 복지 정책과 차별성이 있나? 보수당이 좋은 복지 정책을 내놓으면 협력할 것인가?

이 자리에 모인 복지국가운동 단체, 복지국가 운동가들은 "우리가 만들고자 하는 복지국가는 이런 것입니다. 우리가 가진 보편적 복지 정책은 이렇게 삶의 질을 향상시킬 것입니다"라고 답변을 자신 있게 내놓을 수 있을까?

물론 복지국가운동은 늘 타협해야만 한다. 하지만 타협을 하는 데도 중심부에 굳건한 철학과 가치 노선, 방향성은 확고히 가지는 것이 전제되어야 한다.

복지국가운동은 막연한 소망, 영성적 운동 성격이 되어서는 안 된다. 예컨대 역동적 복지국가라는 구호도 매우 애매하다. 이제는 더욱 구체적인 프로그램, 총체적인 방향 제시, 확연히 다가오는 슬로건으로 복지국가운동을 시작해야 할 시점이다. 그런 의미에서 보면 복지국가운동은 이제부터 시작이다. 제반 단체들이 추구하는 복지국가 방향성에 대하여 명확한 제시를 하라. 어떤 정치경제 이념에 기반한 복지국가운동인가에 대한 명료함을 보여야 할 때다. 그런 의미에서 이 자리에 모인 제반 복지단체들이 가진 기본 철학이 무엇인지 확인하고 싶다.

사회민주주의 복지국가는 세금을 통한 재원 확보는 동일하다. 소득 격차 없이 모든 사람에게 복지 혜택은 균등하게 제공된다. 그러나 사회민주주의 복지국가 조세부담률은 자유주의 복지국가, 보수주의 복지국가보다 훨씬 높다. 모두에게 동등한 기회를 열어주고 중요한 재화와 서비스를 제공하고 극심한 소득 불평등을 해소하기 위해서는 국가의 강력한 역할 없이 실현될 수 없다.

한국의 복지국가론자들의 시각은 스웨덴 복지국가는 '실용주의', 즉 탈이데올로기의 산물로 보는 관점이 팽배해 있다. 그러나 스웨덴 복지국가의 설계자인 군나르 뮈르달, 비그포르스, 구스타프 묄러 등은 철저한 사회민주주의 사상가였으며 사회민주주의 철학과 정치경제학이 바탕이었다.

묄러는 자본주의적 경제 질서 그 자체를 '착취' 체제로 파악했으며, 그 착취를 어떻게 하면 '점진적으로 폐기'해나갈 것인지를 늘 고민했다. 묄러가 전개한 보편적 복지론(시민권에 기초한 사회복지론)이 과연 자유주의적 담론에서 나올 수 있는가?

자유주의 철학은 본질적으로 개인주의(개인의 '책임'과 권리의 본원성)에 기반을 두고 있는데, 그것으로부터 '사회공동체' 전체가 '모든 개인'의 최저 생계를 '책임'져야 한다는 보편적=사회공동체의 담론이 나올 수 있겠는가?

그 페미니즘은 틀렸다

자본주의+자유주의에 대한 비판, 그 철학과 정치경제학에 대한 비판 없이 보편적 복지국가의 논리, 그 정당화의 논리 구성은 불가능하다. 이것이 한국의 복지국가운동이 스웨덴 복지국가를 모델로 삼아야 할 이유를 말해주고 있다.

또한, 토마 피케티 신작 『21세기 자본』의 대미 부분에서 말한 '21세기를 위한 사회적 국가'의 의미가 매우 깊다.

"19세기~1914년에 이르기까지는 정부가 기본 기능을 수행하였으나 증대된 세수 덕분에 정부가 폭넓은 사회적 기능을 수행할 수 있다. 의료 서비스, 교육 등 국민 모두에게 기본 서비스를 동등하게 제공할 수 있도록 하자."[46]

한국 복지국가운동은 정부의 사회적 국가 역할을 근본적으로 다시 생각해봐야 한다. 복지국가는 민주주의의 완성이요, 복지국가가 되지 않으면 민주주의의 결손을 초래한다.

③ 복지국가운동의 강조점을 '여성 친화적 복지 정책'으로

국가의 미래가 여성에게 달려 있다고 하면 과언일까? 복지국가운동을 열심히 해도 지금처럼 초저출산율, 인구 감소가 계속된다면 우리 사회의 미래는 어떻게 전개될 것인가. 복지는 '연대'다. 서로가 서로를 돌봐야 하는데 인구가 줄어들면 복지 재원도 후세대도 없어져 복지의 대상 자체가 존재하지 않는 셈이다.

한국의 출산율은 세계 최하위다. 여성 1명당 1.25명에 그치고 있다. 이 추세대로라면 2100년이면 현재 한국 인구의 반 토막인

2,470만 명, 2200년이면 902만 명, 2500년이 되면 33만 명으로 줄어든다는 계산이 나와 있다. 이쯤 되면 국가 자체가 소멸한다. 그러므로 향후 복지국가운동의 미래는 여성 친화적 사회복지제도에 사활을 걸어야 한다.

일찍이 스웨덴은 이 점을 간파했다. 군나르 뮈르달과 알바 뮈르달은 『인구 문제의 위기』를 발간하여 가족 정책 필요성 강조와 가족 정책 프로그램 도입을 주장했다. 여성의 경제활동 참여, 높은 출산율을 양립시킬 수 있는 가족 정책이 필요하다고 역설했다.

여성 취업률은 사회민주주의 복지국가에서 가장 높다. 스웨덴 복지국가 모델의 주요 특징이 바로 여성 정책으로 여성 노동력을 이용한 맞벌이 사회를 지향하며 각종 여성 활동 지원 제도를 갖추고 있다. 스웨덴의 노동력 비율이 높은 이유는 바로 여성 경제활동이며, 이에 따른 다양한 지원책 시행에 있다.

스웨덴의 여성지원 사회복지 서비스 중 대표적인 몇 가지를 살펴보면, 먼저 노동 비율이 남성 81.5%, 여성 77.0%로 남녀 사이에 차이가 거의 없다. 여성들이 결혼, 출산, 육아 등 이유로 퇴직하지 않고 계속 일한다. 출산과 육아 시기에도 80~90%가 취업 상태다.

또한, 여성 노동력 복지 서비스가 활발하다. 복지 서비스 확대로 육아 시설, 장기 요양 시설이 확충되었는데, 여성 노동력 수요 증가를 불렀다. 이 분야를 대부분 여성들이 담당하기 때문이다.

여성과 남성 임금 격차가 없다. 동일 업무와 직급, 연령일 때 여성 급여는 남성 급여 수준의 92%에 달한다. 1980년부터 시행된 남녀평등법에 의해 고용과 노동 조건에서 성차별을 금지하기 때문이다. 노동조합도 기업의 준수 사항을 엄격히 관리한다. 스웨덴은 이런 활동을 통해 남녀평등지수 세계 1위에 올랐다.

여성 개인 단위 과세 정책도 중요하다. 스웨덴은 일본과 한국처럼 부부 단위 세금 부과를 하지 않고 개인 단위 과세다. 개인 단위 과세가 도입된 목적은 여성이 취업을 통해 얻는 소득을 바탕으로 경제적 자립 유도를 유도하기 때문이다. 이로 인해 여성들의 사회적 진출이 크게 증가했다. 스웨덴은 연금권도 부부가 아닌 개인 단위로 계산한다. 따라서 여성들은 노후 생활수준 향상을 위해 사회에 진출하는 데 적극적이다.

출산 전후 각종 수당과 육아휴직보험이 마련되어 있다. 저출산 대책과 육아 지원책이 마련되어 스웨덴 여성은 출산 전후로 7주 동안 휴직할 수 있는 법적 권리를 갖는다. 출산 전후 부친도 최대 10일의 휴가를 보장받는다. 이때 급여는 최대 80%가 보장된다. 스웨덴은 사실혼이나 정식혼을 통해 태어난 아이들이 동등하게 사회보장제도로 편입된다. 육아휴직 수당 지급 기간은 16개월이며, 최초 13개월간은 종전 급여 77.6%를 지급한다. 중요한 점은 육아휴직 수당을 고용주가 부담하는 것이 아니라 사회보험인 육아휴직보험(부모보험)으로 지불한다는 것이다.

보육 서비스 등 자녀 관련 비용은 원칙적으로 무료다. 19세 이하의 미성년자에 한해서는 외래나 입원을 불문하고 의료비 전액이 무료다.

치과도 19세 이하는 전액 무료다. 학교 교육도 대학 학비까지 무료다.

아동수당도 지급된다. 소득 제한 없이 국내 거주하는 18세 미만의 자녀를 가진 부모에게 자녀 1명당 월 17만 6,000원의 아동 수당을 지급한다.

위의 예와 같이 저출산 대책은 여성들의 사회 진출에 큰 역할을 담당하고 있다.

이제는 한국의 복지국가운동의 강조점을 '여성 친화적 복지정책'으로 대거 전환해야 한다. 제반 단체들이 협력하여 여성복지 정책 담론을 적극적으로 함께 펼쳐나가기를 바란다.

그 페미니즘은 틀렸다

새로운 여성운동이
일어나야 한다

낮은 자존감을 형성시키는 교육 환경

앞에서 여러 차례 강조하였듯이 여성운동은 대결과 혐오를 부추기는 페미니즘이 아니라 제도 변화와 정책을 통해 협력하는 성평등을 주요 목표로 삼아야 한다. 페미니즘은 백인 여성들의 경험을 여성 일반으로 이론화하였다. 오랜 기간을 거치는 동안 페미니즘은 변질되었다. 극단적인 페미니즘이 횡행하는 사회는 남녀 갈등, 남녀 분열로 이어진다. 이는 절대로 올바른 길이 아니다.

대학가의 급진적 페미니즘 쏠림 현상은 우려하지 않을 수 없는 상황이다. 나는 이 현상에 대해 매우 주의 깊게 관찰하였다. 그 근저에는 대학교 여학생들의 자존감이 낮은 것이 이유로 자리 잡고 있다고 판단한다. 자존감이 낮을수록 페미니즘 의존도가 높다고 생각한다. 이들은 과거 어느 시기보다 성차별 없이 평등하게 성장한 세대다. 그런데도 아이러니하게 급진적 페미니즘에 더 빠져든다. 곱게 자란 세대는 그만큼 유약하다. 개인주의와 이기주의 발달 속에 성장하였으니 미래에 대한 불안감을 견디기 힘들어하는 것이다.

교육 방식의 문제도 중요한 요인이다. 초등학교부터 고등학교 졸업까지 사지선다형, 오지선다형 문제 풀이 비중이 높은 우리나라의 학교 교육은 넓고 깊은 사고력을 방해한다. 객관식, 주입식 시험 제도는 창의적인 사고력과 전체를 보는 통찰력을 떨어뜨린다.

'학생부종합전형' 제도는 가짜 독서를 양산한다는 점에서 문제가 심각하다. 나는 '학생부종합전형'의 구성 요소인 독서 기록 평가의 문제점을 오래전부터 지적한 바 있다. 학생들 대부분은 하교한 후 곧바로 학원으로 간다. 학원 차량을 기다리는 동안 컵밥이라 불리는 간단한 음식을 길거리에서 먹는 광경은 자주 목격된다. 학원에서 귀가하면 오후 10시에서 11시가 된다. 수학 문제를 풀지 못했다면 더 늦는 날도 많다. 이런 지경에서 어떻게 독서를 할 수 있겠나? '학생부종합전형' 독서 기록을 위해서 편법을 쓸 수밖에 없지 않은가.

'학생부종합전형' 평가에 유리한 점수를 얻기 위해 학생과 학부모가 '소논문' 쓰기에 매달린 적도 있다. 소논문 쓰기 또한 독서 기록과 같은 가짜 부작용이 극심했다. 소논문 수상 경력을 위한 날조가 비일비재하여 결국 소논문 쓰기는 폐지되었다. 나는 남이 대신 써준 소논문으로 최우수상을 받는 것을 직접 목격한 적도 있다. 그렇다면 이런 기록이 무슨 의미가 있나? 학생부종합전형이 도입된 이유는 대학을 준비하는 수험생들의 교과 성적뿐 아니라 비교과적 활동을 종합적으로 평가하기 위함이다. 독서 활동, 봉사 활동, 동아리 활동, 수상 경력이 여기에 포함된다. 창의적인 인재, 인성, 리더십을 갖춘 학생을 선발하기 위해서다.

독서를 통해 비판적 사고, 깊은 사유, 담론 형성의 능력을 기르고 쓰기를 통한 훈련으로 내면적 성장을 이룬다. 독서란 평생 하는 것인데, 입시에서 좋은 점수를 얻기 위한 가짜 독서를 학교에서 조장하고 있는 현실이다.

프랑스, 독일은 초등학교부터 국어 교육의 비중이 가장 높다고 한다. 초등학교 내내 읽기, 쓰기, 문법, 암송이 교육의 주를 이루며 중·고등학교로 진학하면서 철학적 논리와 사고의 훈련을 통한 교육으로 이어진다.

우리나라 대학생들은 이런 과정을 거치지 않고 대학에 입학한다. 그러다 페미니즘을 만난 것이다. 깊이 생각할 필요도 없이 페미니즘 이념에 휩쓸리게 된다. 사실 페미니즘 자체가 깊은 사고를 요하는 이념이 아니다.

페미니즘의 틀에 갇힌 여학생들

여자 대학생들은 페미니즘이라는 보호막이 자신들을 안전하게 해주리라는 착각을 한다. 여성단체가 압력을 넣어 갖가지 여성 전용 제도를 만들어주면 여기에 환호한다. 페미니즘이란 이렇듯 여성들을 사회적 약자, 신체적 약자라는 틀 속에 가두어버린다. 그래서 더욱 목소리를 높인다. "남성들의 행동을 제약하고 남성들의 성 규범에 족쇄를 채워라! 그것이 여성해방일진대!"라고.

페미니즘이라는 사회운동은 이익집단과 구분하기 어렵다. 사회운동이기도 하고 이익집단의 행위이기도 하다. 페미니스트가 직업인 여성들이 전면에 나선다. 자신들의 이익과 직결되어 있기 때문이다. 하지만 앞서 누차 말했듯 이익의 열매는 소수만 따먹게 되어 있다. 여성들 대부분의 삶과는 무관하다. 페미니즘에 깊이 빠진 여자 대학생들은 이 점을 인식해야 한다.

페미니즘이 기승을 부릴수록 사실상 여성들의 삶에 이익이 되지 않는다. 그러므로 성평등 사회를 만들어야 한다. 이것이 결과적으로 모두에게 이익이다. 시야를 넓혀서 사회 전체를 보는 통찰력을 길러야 한다. 현재와 같은 페미니즘은 일시적인 현상이 될 것이다. 페미니즘이 물러간 뒤 무엇을 남길까? 열광적으로 빠졌던 사람들은 무엇을 할 것인가? 대학교를 졸업하고 사회에 진출한 뒤에도 여전히 페미니즘을 부르짖게 될까? 페미니즘의 어떤 열매를 채취할 수 있을까?

협력과 연대의 새로운 여성운동

새로운 여성운동의 길로 나아가야 한다. 여성만을 위한 페미니즘 운동이 아니라 여성과 남성이 모두 협력하고 연대하는 여성운동이어야 한다. 빈곤 여성, 여성 노인, 미혼모, 여성 노숙인 등을 비롯한 전반적인 여성을 위하여 제도 변화를 끌어내고 여성과 남성 모두에게 이로운 정책을 만들어야 한다.

예컨대 각 지자체에서 운영하는 가정폭력 피해 여성을 위한 쉼터의 사정은 지금도 여전히 열악하다. 가정폭력을 피해 쉼터로 잠시 찾

그 페미니즘은 틀렸다

아온 여성들은 또 한 번 상처를 입는다. 모 광역시에서 운영하는 단 한 곳뿐인 가정폭력 피해 여성 쉼터의 환경은 상당히 나쁘다. 쉼터라는 곳이 큰 방 두 개, 공동 화장실 겸 샤워장 한 개, 먹거리를 해결할 수 있는 간이 부엌이 전부다.

가정폭력을 피해 집을 나온 여성들은 대부분 자녀들을 동반해서 쉼터로 온다. 엄마를 따라서 함께 온 자녀들은 남자아이, 여자아이 뒤섞여서 잠을 청한다. 그중에는 이미 사춘기 청소년도 있다. 어쩔 수 없이 한 방에서 짧게는 하루, 길게는 사흘을 묵고 떠나간다. 엄밀히 말해 인권을 침해하는 부분이 매우 많은 곳이다. 이중으로 인권 침해를 당한다. 화장실 겸 샤워장도 상당히 불결하다. 그런데 관계자들은 입을 맞춘 듯 "예산이 부족해서…"라고 말한다.

여성운동이 어떤 방향으로 나아가야 하는지는 자명하다. 더욱 구체적이고 현실적인 정책을 지향하며 사각지대에 놓여 있는 여성들의 삶의 현장을 살펴 삶의 질을 개선해야 한다. 그리고 초고령화 사회에 진입하는 데 대해 역량을 투입해야 한다. 여성 노인의 숫자가 남성 노인의 숫자보다 훨씬 많고 이들이 빈곤층으로 전락할 가능성이 높다는 점을 가벼이 여겨서는 안된다.

페미니즘을 넘어

급진적 페미니즘의 본산인 미국에서는 페미니즘의 새 조류가 일어나고 있다. 다름 아닌 '가정으로 돌아가자'다. 결국, 우리가 돌아갈 곳은 가정이다. 『하우스 와이프 2.0』의 저자 에밀리 맷차는 이 책에서 슈퍼

우면 역할에 대한 환멸을 느끼고 기술 사회에서 진정성을 갈망하는 여성들을 다룬다. 잊고 있었던 가정일인 바느질, 뜨개질, 전통 육아 방식, 식재료 직접 기르기 등을 하며 여성들이 다시 집을 접수하고 있다는 근황을 소개한다.

미국 여성 중에는 1970년대 인기 드라마였던 〈초원의 집〉에서처럼 파이를 만들고 소박하지만 자급자족하는 전통 방식의 삶에 향수를 느끼는 이들이 점점 늘어난다고 전한다.

"어떤 사람들은 이런 생활이 페미니스트 운동의 역주행이라고도 하지만 나는 이걸 페미니스트 운동의 연장이라고 봐요"[47]라는 어느 페미니스트의 말도 소개된다. 미국 페미니스트 운동 일각에서는 분명 새로운 흐름이 만들어지고 있다는 이야기다.

우리나라에서도 새로운 현상이 일어나리라 예상한다. 페미니즘의 기세가 누그러지고 직업 페미니스트들의 선동이 약화되고 언론의 페미니즘 장사가 위력을 잃으면 그때는 뒤돌아보게 되리라. 우리에게 정말로 중요한 곳은 가정이라는 사실을 말이다.

어릴 적 우리 집 대청마루에 늘 걸려 있던 액자가 있었다. 나의 어머니가 시집올 때 가지고 온 수놓은 액자다. 거기에는 붉고 큰 모란 꽃 한 송이와 '영원한 행복을'이라는 글씨가 함께 수놓아져 있다. 가정의 영원한 행복을 한 땀 한 땀 수로 기리는 곳, 예전에 우리의 어머니들이 전통 방식으로 자신의 영역을 지키던 곳, 가정으로 복귀하게 될 것이다. 달리 보면 페미니즘이 가장 위력을 발휘할 수 있는 장소 또한 바로 가정이다.

19세기 중반 무렵 여성 참정권 획득을 위한 투쟁으로 시작된 여성 운동은 발전과 쇠퇴를 반복하며 오늘날에 이르렀다. 21세기에 맞는 새로운 여성운동의 실천이 요구된다. 여성들은 남성과 동일한 모든 권리를 누린다. 그렇다고 해도 여전히 성차별은 존재하고 투쟁해야 할 부분이 있다. 경제적 불평등 문제에 있어 여성들은 취약하다. 수명이 늘어남에 따라 여성운동은 새로운 방향으로 전개되어야 한다. 향후 기술의 혁신은 상상을 초월할 정도로 속도가 빠를 것이다. 기존의 사회운동 방식, 기존의 이념, 사상도 새로운 변화를 맞으리라. 기존의 페미니즘 운동 역시 쇠퇴할 순간이 다가오고 있다.

페미니즘으로부터 해방을! 페미니즘으로부터 자유를!

5장

생각의
폭
넓히기

역사에서 지워진
이슬람 여왕들

여성 억압과 차별의 오명

여성주의적 관점에서 보면 이슬람 국가들의 여성 인권은 최악이라는 게 일반 상식이다. 히잡, 차도르, 부르카 등 여성의 몸을 감싸는 베일은 여성 억압의 상징처럼 여겨진다.

하지만 우리는 이슬람의 문화와 역사, 여성들의 삶에 대해 얼마나 이해하고 있을까? 갖가지 오해와 편견, 무지에 가까울 정도의 몰이해에 빠진 것은 아닐까? 말하자면 서구식 세계관과 역사관을 그대로 흡수한 채 이를 기준으로 이슬람을 판단한다.

이슬람 국가 중 강국인 사우디아라비아는 2015년에야 여성 참정권을 허용하여 이때에야 여성들이 투표권을 행사하게 되었다. 사우디아라비아는 이슬람 국가 가운데 그때까지 여성 참정권을 허용하지 않았던 마지막 국가였다. 쿠웨이트에서는 2006년에 여성 투표권이 보장되었다.

이처럼 여성의 법적·정치적 권리라는 면에서는 명확히 여성 억압이 존재했던 게 사실이다. 하지만 여타 이슬람 국가는 이미 오래전에 여성 참정권을 보장했었다. 1934년 터키를 시작으로 말이다. 이슬람 국가 중 최초의 여성 수장은 1988년 '베나지르 부토' 파키스탄 총리다. 이어 몇 년 차이로 방글라데시, 터키에서도 여성 총리가 탄생하였다. 이 사실에 비추어보면 이슬람 국가의 여성 정치 참여에 대한 기존 이해에 슬슬 의문이 생기기 시작한다. 이슬람 국가에서 서구 어느 나라보다 먼저 여성 총리가 배출되었으니 말이다.

그런데 왜 우리는 이슬람에서는 여성들을 억압하고 정치에서 배제한다고 인식하고 있을까? 이슬람교라는 종교적 특성이나 역사 때문일까? 그렇다면 파키스탄 부토 총리 이전에 이슬람에는 여성 정치지도자가 없었을까?

이슬람 국가에 존재했던 여왕들

최근에 매우 흥미로운 책을 읽었다. 『이슬람의 잊혀진 여왕들』이다. 지은이는 저명한 이슬람 사회학자이자 페미니스트인 '파티마 메르니시'다. 저자는 우리를 데리고 머나먼 역사를 거슬러 올라가 이슬람의 여왕들을 만나게 해준다. 그렇다. 먼 옛날 이슬람 역사에는 여왕이 존재했었다. 그것도 무려 15명이나 있었다. 마치 『아라비안나이트』 속 이야기인가 싶을 정도로 매혹적이고 이국적인 여왕들이었다.

이슬람 문화는 우리와는 너무도 차이가 난다. 아시아, 아프리카, 유럽 전역에 걸쳐 있어 지리적으로 광대하다. 수많은 부족과 잦은 전쟁의 역사 속에서 명멸했던 이슬람 왕조. 그 역사 속에서 어떻게 여왕이 권력을 잡을 수 있었는지를 흥미롭게 관찰할 수 있다. 이슬람 국가를 이끈 여왕들은 어떻게 해서 잊힌 여성이 되었는지, 어떤 방식으로 정치 권력을 잡을 수 있었는지, 여왕들이 지닌 통치력과 매력은 무엇이었는지를 살펴보게 된다. 우리의 기존 인식 체계와는 다른 내용이라 신화를 읽는 느낌도 든다.

국민이 무슬림인 이슬람 국가는 남성들이 정치와 종교를 이끈다. 모스크의 예배를 이끄는 리더는 남성이다. 그런데 과거 역사를 거슬러 올라가면 여왕이 정치 권력의 장에 등장하여 권력을 행사했었다. 하지만 이들 여성들은 공식 역사 속에서 지워져버렸다.

저명한 이슬람학 학자인 버나드 루이스는 확언한다.

"이슬람 역사에는 여왕들이 없었으며, 여왕이라는 단어가 나올 때는 비잔틴이나 유럽의 이방인 지배자들만을 가리키는 말로 쓰인다. 무슬림 왕조의 왕좌에 여성들이 짧게 오른 예가 몇 개 있긴 하지만, 이는 탈선으로 받아들여지고 모욕으로 비난받았다."[48]

이슬람 역사 속에 여왕이 통치했던 시기가 분명 존재했건만, 이슬람 학자조차 이를 부정하며 공식 체제가 아니라 예외적인 체제에 불과하다고 치부한 것이다. 정말 그럴까?

『이슬람의 잊혀진 여왕들』의 저자 '파티마 메르니시'는 서기 1236년 델리에서 권력을 잡았던 라디야 여왕부터 시작한다. 라디야 여왕은 모로코 여행가 이븐 바투타의 기록에도 나와 있다.[49] 라디야 여왕에서 시작하여 이집트, 예멘, 스페인, 모로코, 인도 제국의 7명의 여왕, 인도네시아 여왕의 여정을 더듬어나간다. 모로코 해적 출신으로 30년 이상 권력을 휘두른 알-후라 여왕의 이야기는 사뭇 낭만적인 모험 영화를 연상시킨다.

그렇다면 여왕들이 최고 권력자로 등극하게 된 배경은 무엇일까? 여왕이 등장할 때는 국가의 위기 상황이나 체제의 불안정 상태라는 점이 공통적이다. 권력 경쟁 구도에서 늘 배제되어 있었던 여성들이 위기적 상황에서는 권력을 잡을 기회를 포착했다는 말이다.

남편을 폐위시키고 여왕의 자리에 올랐다가 아들에게 왕권을 이양한 여성 권력자도 있다. 왕좌에 오른 남동생이 잔인한 기행을 일삼으며 나라를 위기에 빠트리자 그를 암살하고 여왕이 된 이도 있다. 이들에게는 필연적으로 비극적 종말이 기다리고 있었다. 여왕이 왕좌에 오르면 이를 위협하는 또 다른 세력이 등장했다. 이들 15인의 여왕 이야기 중 흥미로운 점은 몇 명 여왕은 노예 출신으로 궁에 입성한 후에 여왕의 자리에 올랐다는 것이다. 숱한 부족들 간의 전쟁에서는 아름다운 여성 노예들이 붙잡혔는데 이 중에서도 권력 중심부로 나아간 이가 있었던 것이다.

역사와 문화적 맥락 속에서 이슬람 여성 이해

이슬람 여성들의 삶을 말할 때 '하렘'을 빼놓을 수 없다. 나는 이 책을 통해 하렘에 대하여 새로운 이해를 하게 되었다. 하렘은 이슬람 건축의 전통적 원칙으로 남녀는 각자의 공간에 속해 있어 여성의 영역과 남성의 영역이 확연히 나뉜다. 이슬람 역사에서 여왕의 존재를

그 페미니즘은 틀렸다

지워버린 것은 하렘에 있어야 할 여성이 왕좌를 침범했다는 것을 받아들이지 못했기 때문이기도 하다는 점을 강조한다. 따라서 이슬람 여성들의 문제와 그들의 삶에 대해 이해하려면 그 사회의 역사와 전통, 관습을 이해하는 게 우선이다.

저자는 책의 말미에 "아랍 세계에 교육 기회가 생긴 30년이 못 되는 짧은 기간에 엄청난 여성들이 대학에 들어갔다"고 언급했다. 그러면서 여성들에게 독립적인 의지의 주체로서 존재하겠다는 강한 의지를 품으라고 주문한다.

『이슬람의 잊혀진 여왕들』을 읽으면서 국내 페미니스트들이 다양한 시각을 갖출 필요성이 있음을 새삼 느꼈다. 미국식 급진적 페미니즘 사상에만 몰입하는 데에서 벗어나야 한다. 전 세계에 걸쳐 16억 명에 달하는 인구를 가진 이슬람 국가들도 돌아보아야 한다. 그 세계의 문화적·역사적 이해를 바탕으로 다양한 여성운동의 전개를 살펴보며 이슬람 여성 인권의 진전에도 관심을 둘 수 있으면 좋겠다.

사라진 러브스토리를
찾아서

낭만적 사랑의 실종

과격 페미니스트들이 이성애를 거부하고 남성성을 욕보이고 성 본능 고발에 혈안이 되어 있는 이 시대에 남녀가 만나 낭만적인 사랑을 키우는 아름다움은 종말을 고했는가? 남녀의 사랑은 역사를 만든다. 희극 혹은 비극일지라도 후대에 남아 사람들의 영감을 자극하며 문화적 유산의 중요한 베이스 역할을 한다.

페미니즘의 새로운 내러티브에 기성세대는 남아선호의 혜택을 입은 데 대한 부채의식으로 대응하는 편이다. 하지만 젊은 세대들은 심각한 분열 양상을 일으키곤 한다. '헬조선'이라는 말이 유행어로 번졌고 자학하는 이들이 넘쳐난다. 이제는 '페미니즘'이란 용어가 잣대가 된다. 페미니즘이냐, 아니냐를 강요하는 시대다. 특히 대학가는 더욱 그렇다. 청년층을 견인할 미래 지향적 가치관과 나침반 역할을 하는 이데올로기가 부재하고 미래에 대한 불안감이 팽배한 가운데 자폐적인 페미니즘이 득세하고 있다. 페미니스트들은 남녀의 대결, 남성에 대한 행동 규제에 집중하고 있다.

이런 현실 속에서 낭만적인 러브스토리는 고갈 시대다. 낭만적인 사랑은 그리운 옛이야기로 남을 것인가. 여기 낭만적인 사랑으로 역사를 만든 인물이 있다. 먼저 협동조합의 원조이자 직계 조상이라 불리는 로버트 오언이 있다. 또한, 유럽 왕조사를 통틀어 가장 비극적인 여왕으로 꼽히며 오직 사랑을 위해 왕관을 던진 스코틀랜드의 메리 스튜어트가 있다.

로버트 오언의 사랑, 협동조합을 낳다

오늘날의 협동조합은 로버트 오언(1771~1858)에서 출발한다. 오언을 공상적 사회주의자로 지칭하는 학자들이 많다. 하지만 이는 매우 잘못된 분류라 생각한다. 로버트 오언은 이상사회를 상상하기만 한 것이 아니라 현실에서 이를 실천한 인물이기 때문이다.

오언은 영국 산업혁명기 절정기에 웨일스에서 태어났다. 빈곤한 가정 출신인 오언은 현재로 치면 초등학교를 2~3년 정도 다닌 것이 학력의 전부다. 하지만 매우 영특해서 마을 아이들을 모아놓고 글을 가르칠 정도였다. 또한, 늘 독특한 자신감에 충만한 성격이었다. 그는 아동기를 채 벗어나지 않은 나이에 옷감 가게 점원으로 노동자가 되었다.

산업혁명기 시절은 무려 100년 이상 계속되었는데, 노동자들에 대한 착취가 극심하여 영국 역사에 크나큰 오점을 남겼다. 공장이 급속도로 증가하여 노동력이 부족해지자 어린아이들까지 동원했다. 아동 노동은 당시로는 보통이었다. 7세만 되어도 탄광과 방직공장 등에서 힘겨운 노동을 하였다.

옷감 가게 점원이 된 오언은 매우 유능한 일꾼이었다. 장사 수완이 뛰어나 곧 자신의 옷감 사업체를 운영하게 되었다. 그는 사업을 더 확장할 기회를 찾기 위해 스코틀랜드 글래스고 지역을 방문하게 되었다. 이때 앤 데일이라는 여성을 만나 사랑에 빠졌다. 그때까지만 해도 오언은 웨일스에서 온 이름 없는 옷감 장수에 불과했다. 하지만 앤 데일은 명문가 영애였다. 그녀의 부친은 글래스고의 은행가이자 큰 방직공장을 소유한 부자이자 종교 지도자이기도 했다. 또한, 매우 보수적인 사람이었다. 결국, 앤 데일의 부친이 결혼을 승낙하여 두 사람은 결혼식을 올렸다. 이어 오언은 장인의 방직공장 운영을 맡아 공장주가 되었는데 바로 뉴 래너크 공장이다.

뉴 래너크 공장은 전 세계 협동조합주의자들의 성지와도 같은 곳으로, 오언은 이 공장에서 자신의 꿈을 펼치게 된다. 오언은 먼저 노동 시간을 단축했다. 산업혁명기 노동자들은 하루에 18시간씩까지 일했었는데, 이 악명 높은 관행을 끝내버렸다. 그리고 아동 노동도 금지했다. 그 대신 공장 땅에 학교를 지어 노동자 자녀들이 공부하게 했다. 그뿐 아니라 공장 근처에 집을 지어 노동자들을 입주시켰다.

오언의 뉴 래너크 공장에 대한 소문은 삽시간에 유럽 전역에 퍼져 나갔고 많은 이가 공장 견학을 왔다. 오언은 지금으로 말하자면 최초로 노동자들을 위한 복지를 실천하였고 노동조합을 창설한 인물이

그 페미니즘은 틀렸다

다. 이때 오언주의자들이 생겨나기 시작하였다. 청년 마르크스와 엥겔스도 오언주의자였다. 오언의 실천 정신은 협동조합운동을 낳았다. 런던에서 최초의 협동조합이 만들어졌는데 바로 로치데일 소비자협동조합이다. 바로 오늘날 로치데일 백화점으로 이어진다. 오언의 정신은 인간 중심주의에 바탕을 둔 휴머니즘이다.

옷감 장수 청년 오언이 고향을 떠나 스코틀랜드에서 만난 여성 앤 데일과의 사랑에 빠진 후 새로운 역사가 시작되었다. 상호부조 정신을 바탕으로 한 협동조합이 탄생하는 데 중요한 배경이 된 것이다.

비극의 여왕, 메리 스튜어트

"나의 종말에 나의 시작이 있나니." 메리 스튜어트가 남긴 유명한 말이다. 메리 스튜어트 (1542~1587)는 스코틀랜드 여왕이다. 서구 왕조사에 있어 메리 스튜어트만큼 비극적인 사랑의 주인공이 또 있을까?

메리 여왕을 이야기할 때 반드시 함께 거론하는 여성이 있다. 바로 잉글랜드 엘리자베스 여왕(1533~1603)이다. 헨리 8세의 첫 왕비의 시녀로 후에 왕비가 되었던 앤 불린의 딸이 엘리자베스다. 오촌 간이기도 한 메리와 엘리자베스는 동시대를 통치했던 여왕이었지만 성정은 완전히 달랐다. 메리 여왕의 전기를 쓴 슈테판 츠바이크는『슈테판 츠바이크의 메리 스튜어트』에서 두 여 군주 메리와 엘리자베스의 성품을 객관적인 시각으로 평가한다. "메리 스튜어트는 온전히 여성이었다. 처음부터 마지막까지 여성이며, 그녀 삶의 가장 중요한 결정들은 자기 성性의 원천으로부터 나온 것이다. 메리 스튜어트가 오직 스스로를 위해 살았다면 엘리자베스는 나라를 위해 살았고 현실주의자로서 자신의 통치권을 직업으로 여기고 그 임무에 충실했다."[50]

시몬 드 보부아르의 『제2의 성』의 핵심 논제인 "여성은 태어나는 것이 아니라 여성으로 만들어진다"라는 개념에서 본다면 메리 스튜어트는 전자에 속하고 엘리자베스는 후자에 속한다. 여성학적 관점에서 평가하자면 스코틀랜드 여왕 메리 스튜어트는 오직 타고난 여성성에 충실한 삶을 살았고, 잉글랜드 여왕 엘리자베스는 사회적으로 만들어진 여성의 삶을 살았다는 점에서 극명한 대조를 이룬다.

메리는 서출 신세였던 엘리자베스에 비하면 그야말로 황금 수저를 물고 태어났다. 메리는 헨리 7세의 증손녀이자 헨리 8세의 조카인 잉글랜드 왕가의 적통이다. 그녀는 스코틀랜드 왕이었던 부왕이 사망하자 생후 6일 만에 왕위에 봉해졌다. 한마디로 정통 왕가의 자부심이 뼛속까지 새겨진 여성이었다. 메리의 모후 역시 프랑스 최고 왕가 출신이었다.

그러나 그녀의 가혹한 운명은 비극의 나락으로 한 걸음 한 걸음 접어들고 있었다. 메리는 사랑에 열정적으로 몰입하는 성격이었다. 그 불꽃 같은 사랑은 결국 그녀를 몰락으로 이끈 원인이 되었다. 엘리자베스가 평생 독신으로 살았던 반면, 메리는 세 번의 결혼을 했다. 엘리자베스는 많은 애인을 두었는데 이들을 쥐락펴락하며 다스렸지만, 메리는 달랐다. 여왕이기 전에 정열적인 사랑을 갈구하는 여자였다.

스코틀랜드의 적통 왕손인 메리는 여섯 살 때 스코틀랜드를 정복하려는 헨리 8세의 위협을 피해 외가인 프랑스로 갔다. 장신에 아름

그 페미니즘은 틀렸다

다운 미모를 지닌 유럽 최고의 신붓감으로 성장한 메리는 프랑수아 2세와 결혼함으로써 프랑스의 왕비가 되었다. 하지만 병약한 프랑수아 2세가 즉위 1년 6개월 만에 사망하자 17세의 소녀 과부가 되어 스코틀랜드로 돌아와야 했다.

물자가 풍부하고 번성한 프랑스 왕궁에서의 호사스러운 생활은 끝이 났다. 척박하고 가난한 땅 스코틀랜드는 잉글랜드의 수탈로 초라하기 짝이 없었다. 게다가 헨리 8세가 일으킨 종교 분쟁으로 가톨릭과 영국국교회의 대립이 피바람을 일으키고 있었다. 메리의 스코틀랜드는 가톨릭의 나라였다. 메리에게 있어 종교는 오로지 가톨릭이었다. 그런데 스코틀랜드 왕족과 귀족 패거리 중에는 잉글랜드 엘리자베스로부터 은밀하게 지원금을 받는 매수당한 첩자들이 우글거렸다. 그들에게 가톨릭이냐 개신교냐의 종교적인 문제는 그다지 중요하지 않았다.

스코틀랜드의 최고 권력자이자 이복 오빠인 모레이 백작은 개신교로 개종했으며 엘리자베스와 내통하는 상황이었다. 메리가 개신교로 개종했다면 잉글랜드의 야욕으로부터 자신을 지킬 수도 있었겠지만, 그녀는 절대 가톨릭을 버릴 인물이 아니었다. 스코틀랜드로 돌아온 메리는 가혹한 처지에 놓였다. 그렇지만 유럽 왕가들에서는 과부인 메리가 1순위 신붓감이었다. 화려한 미모에 뛰어난 승마 실력과 타고난 운동 감각을 갖추었고 상냥하면서도 누구와도 친밀하게 소통하는 면모를 지닌 메리는 스코틀랜드 궁정을 자기편으로 만들어나갔다.

전 유럽의 왕족들이 메리를 재혼 상대로 삼고자 경쟁했으나 메리는 남편감을 직접 선택했다. 스코틀랜드 귀족이자 헨리 7세의 증손자로 6촌 간인 단리와 재혼했다. 메리는 유럽 왕가 중 최고 미남인 단리를 매우 사랑했다. 젊은 남녀의 혼인은 스코틀랜드의 축제로 이어졌다. 왕가의 핏줄과 재력을 갖춘 최상의 결합이었다. 잉글랜드의 엘리자베스 여왕은 이 결혼을 막고자 메리의 이복 오빠 모레이 백작을 사주하여 폭동을 일으키게 했으나 실패로 그쳤다. 곧이어 메리의 왕자 출산 소식이 전해지자 엘리자베스는 절망으로 몸을 떨었다.

엘리자베스는 비록 초년에 고난을 많이 겪었으나 여왕이 된 후 절묘한 정치력으로 잉글랜드를 이끌었다. 게다가 엘리자베스 통치 역사에서 빠질 수 없는 두 재상 윌리엄 세실과 프랜시스 월싱엄은 충성을 다했고 여왕의 권력 유지를 위해 수단과 방법을 가리지 않았다. 이런 재상들의 보좌를 받으며 셰익스피어가 문학을 꽃피우는 시대를 통치하였으니 엘리자베스는 인복이 좋았던 여왕이었다. 그리고 오늘날의 CEO처럼 영국을 경영했다.

하지만 단리와 결혼한 메리 스튜어트는 본격적인 비극에 빠져들었다. 스코틀랜드 군대 총사령관이자 해군 제독인 보스웰 백작을 사랑했기 때문이다. 메리는 사랑의 포로가 되었다. 보스웰은 스물도 채 안 된 단리에 비해 원숙한 남성적인 매력이 넘쳤으며 가톨릭 국가 스코틀랜드 수호의 충성스러운 전사였다. 더구나 술주정뱅이 단리는 여왕의 권력을 탐내며 잉글랜드와 비밀리에 줄을 대고 있었다. 이를 눈치챈 메리는 보스웰 백작에게 더욱 맹목적인 사랑으로 매달렸다. 이때 메리 여왕이 보스웰 백작에게 쓴 편지는 지금까지 전해진다.

그를 위해 얼마 전부터 명예를 버렸노라.

삶에서 유일하게 참된 행복을 만들어내는 그것을,

그를 위해 양심도 권력도 내던지고

그를 위해 친척도 우정도 저버렸네.

사랑하는 남자를 위해 여왕의 자리조차 하찮게 여겼던 메리. 하지만 그녀는 이미 결혼한 몸이었다. 보스웰 백작과의 사랑은 간통이었다. 엄격한 가톨릭 국가 스코틀랜드에서 말이다. 더욱이 한 나라를 다스리는 군주의 몸이 아닌가?

메리의 운명은 비극 속으로 침몰해간다. 그녀는 보스웰과 음모를 꾸며 남편 단리를 살해한다. 메리는 천연두를 앓아 요양 중이던 단리에게 화해를 청하는 척하며 외딴 저택으로 유인했다. 그날 밤, 보스웰은 저택 주변에 폭약을 설치하여 집과 단리를 폭발시켜버렸다. 폭약 터트리는 소리가 얼마나 컸던지 에든버러의 온 시민들이 놀라 뛰쳐나올 정도였다. 그런데 단리 살해범이 누군지 스코틀랜드 국민이라면 어린아이도 다 알 지경에 이르렀다.

메리는 단리가 암살된 지 3개월 만에 보스웰과 세 번째 결혼식을 올렸다. 그러나 스코틀랜드의 분노한 민중은 정부를 위해 남편을 살해한 여왕을 궁지로 몰았다. 보스웰은 여왕에게 부담을 주지 않으려 스스로 떠났다.

몰락하고 패배한 메리의 운명은 역사가 기록한 대로 잉글랜드 엘리자베스의 손에 맡겨졌다. 메리는 잉글랜드로 망명했다. 음흉한 성

품의 엘리자베스는 제 발로 걸어들어온 인생 최대의 라이벌 메리에게 궁을 제공했다. 그리고 당시 25세이던 메리가 44세에 목이 잘리기까지 약 19년간을 이 궁 저 궁을 떠돌게 하며 유폐시켰다.

엘리자베스는 메리의 위태위태한 운명을 도끼로 끝장내었다. 영국 역사에서 메리 대 엘리자베스, 두 여성의 피 튀기는 대결은 잔혹한 기록으로 남아 있다. 한 명은 역사의 승자, 한 명은 패자가 되었다. 패자는 비극의 여왕으로 기록되었다.

흔한 말이지만, 역사는 승자의 기록이다. 승자는 자신의 삶을 미화시키고 위대성을 부여한다. 엘리자베스에 대한 영국인의 사랑과 존경, 명성과 업적은 숱한 사람들이 흘린 흥건한 피를 제물로 삼아 만들어진 것이 아니던가.

메리 스튜어트는 엘리자베스에 의해 군주 중 최초로 단두대에서 처형되었다. 메리는 여왕이자 가톨릭교도로서 장엄하고 품위 있게 순교자적 죽음을 준비했다. 그녀는 핏빛처럼 붉은 드레스를 속에 입고 어차피 형식뿐인 재판 과정을 거친 후 공개 처형장으로 향했다. 200명의 선택받은 귀족 패거리와 사제 등이 지켜보는 커다란 홀에서 형리의 도끼에 목을 맡겼다.

도끼로 왕의 목을 자르는 최초의 선례를 남긴 인물이 바로 잉글랜드 엘리자베스 여왕이다. 메리 스튜어트 이후 영국의 찰스 1세, 프랑스 루이 16세, 마리 앙투아네트 목이 날아갔다. 메리 여왕의 처형 후 세월이 흘렀다. 후사가 없었던 엘리자베스의 뒤를 이어 메리의 아들인 제임스 1세가 잉글랜드와 스코틀랜드 통합 왕국의 왕이 되었다.

그 페미니즘은 틀렸다

이로써 두 여자의 싸움은 비겼을까?

"나의 종말에 나의 시작이 있나니"라는 말은 메리 스튜어트가 유폐 초기 비단에 수놓은 것이라고 한다. 사랑을 위해 직위도 명예도 버린 여왕은 430년이 지난 오늘날에도 비극적인 낭만의 상징이 되었다. 그녀의 일생은 오페라, 드라마, 영화 등의 소재로 재탄생되고 있다. 셰익스피어의 비극『맥베스』의 모티프도 메리 여왕의 비극이라는 것이 정설이다. 사랑에 모든 것을 내던진 메리는 비극적인 낭만의 주인공으로 여전히 남아 있다. 2018년에도 〈메리 퀸 오브 스코츠〉라는 영화가 만들어지고 있다고 한다. 남녀의 뜨거운 사랑만큼 영속적인 소재가 또 있을까? 사랑은 영원하다.

시몬 드 보부아르,
그녀는 페미니즘의 배신자인가?

여성성의 거부

시몬 드 보부아르(1908~1986)는 『제2의 성』을 써서 페미니즘 이론에 지대한 영향을 끼쳤으며 페미니스트의 대모로 숭상받는 인물이다. 그런데 그녀는 자신이 페미니스트라고 말한 적이 없다. 말년에 이르러 페미니스트임을 인정했다고 하나 그 또한 정확하지는 않다.

시몬 드 보부아르에 대한 평가는 다양하다. 이해하기 어려울 정도로 복잡한 인물, 모순점이 상당히 많은 여성이다. 사실 나는 개인적으로 보부아르의 삶을 이해하기 어렵고 때론 짜증스럽기까지 하다. 이 점은 그녀와 평생 계약 결혼 관계를 유지한 철학자 장 폴 사르트르도 마찬가지다.

"여성은 태어나는 것이 아니라 여성으로 만들어진다." 보부아르의 『제2의 성』을 대표하는 가치 명제다. 이 구절은 페미니즘의 성구로 여겨지는 핵심 키워드다. 『제2의 성』은 보부아르가 41세이던 1949년에 출판되었다. 1949년은 프랑스 여성들이 참정권을 획득한 지 4년이 조금 지난 시기였다. 페미니즘 발달사를 거슬러 올라가다 보면 프랑스혁명의 영향을 발견할 수 있다. 하지만 프랑스 여성의 참정권 획득은 여타 유럽 국가보다 이례적으로 늦다. 왜 그럴까? 이에 대해 살펴보자.

『여성, 권력과 정치』의 저자 앤 스티븐스는 "프랑스는 남녀 급진주의자, 사회주의자, 자유주의자들이 여성 투표권 허용을 강력하게 반발하였다. 근거는 여성들 특유의 친종교적 성향이 공화제나 사회주의에 반대하는 교회 측에 부당하고 터무니없는 영향력을 제공해줄 것이라는 우려였다"[51]고 분석했다. 좌파와 우파 모두가 여성 투표권 허용을 반대한 것이 프랑스혁명의 역설이었다.

보부아르는 『제2의 성』의 집필 목적을 이렇게 밝혔다.

"인간 사회는 남성 중심 사회에서 모든 가치 기준이 남성에게서 나온다. '다른 곳에 있는 자' 여성이 어째서 이와 같은 열등한 성의 입장인지 역사의 출발점으로 돌아가 밝혀내고 역사적으로 만들어져온 것임을 해명하려는 의도로 쓰인 책이다."

그렇다면 보부아르가 말하는 "여성은 태어나는 것이 아니라 여성으로 만들어진다"가 옳은 규정일까? 질문을 던져보자. 여성으로 태어나 여성성을 지닌 채 살아가는 여성이 훨씬 많다. 또한, 여성이 반드시 사회적·문화적으로 만들어지는 것은 아니지 않은가? 여성으로 태어나 여성성에 만족하며 여성으로서 충실한 인생을 사는 여성이 더 많지 않은가? 여성성이야말로 가장 강력한 무기가 될 수 있다.

보부아르가 제시한 가치 명제는 개인적인 철학과 경험에서 출발한 게 아닐까? 보부아르 저서 『제2의 성』을 읽은 후 페미니스트가 되었다는 엘리자베트 바댕테르는 보부아르 관점에 문제를 제기한다.

"시몬 드 보부아르와 그녀의 제자들은 너무 남성다웠다는 것이 문제였고, '남성과 다른 여성의 차이점을 지워버리려는 욕망'에서 오히려 남성 중심주의의 함정에 빠져버렸기에 문제가 된 셈이다. 조금만 더 나아갔다면 그녀들은 여성의 배반자로 또 여성 혐오자로 비난받았을지도 모를 일이다. 보부아르의 저서 『제2의 성』이 여성성을 고려하지 않은 것은 사실이다. 시몬 드 보부아르가 집요하게도 '모성 본능에 의한 여성'의 정의를 거부한 것도 사실이다."[52]

『제2의 성』은 약 1,000페이지에 달하는 분량에 여성에 대한 문제를 다양한 시각에서 분석했다. 하지만 체계적인 고찰이 빈약하고 논리 전개가 매우 지루하다. 또한, 문화적·인종적 차이를 지닌 여성들이 보편적으로 받아들이기에는 인내심의 한계가 느껴지는 책이다.

이 책에서 독특한 부분은 레즈비언에 대한 탐구다. 여성 동성애자인 레즈비언 분석이 약 25페이지를 차지한다. 여성학에서 레즈비언 분석은 보부아르가 최초인 것으로 안다. 보부아르 자신이 레즈비언 연인을 여럿 두어서 그랬을까.

장 폴 사르트르와의 계약 결혼

장 폴 사르트르 이야기도 빠뜨릴 수 없다. 보부아르는 21살에 사르트르와 만났다. 사르트르는 2년 동안 계약 결혼을 제안했고 보부아르

그 페미니즘은 틀렸다

가 받아들여 이루어진 이들의 계약 결혼은 사르트르가 75세로 사망할 때까지 정식 결혼처럼 충실히 지속되었다. 계약 결혼을 시작으로 두 사람은 교직에 몸담았으며 작가로서도 성공했다.

이들이 처음 계약 결혼생활을 할 당시 프랑스는 격동의 시기였다. 제1차 세계대전이 채 끝나기도 전에 볼셰비키혁명의 영향이 유럽을 휘감았고 이어 세계 대공황이 발발했다. 독일은 히틀러가 권력을 장악하여 국가사회주의 체제인 상태로 제2차 세계대전의 전운이 감돌고 있었다. 보부아르와 사르트르는 공산주의자였다. 그렇다고 공산주의 혁명을 위해 실천적으로 행동했을까? 그렇지는 않다. 두 사람은 이를테면 행동하지 않는 지성이었다. 사르트르의 적수와도 같은 알베르 카뮈는 공산주의자가 아니었다. 카뮈는 공산주의와의 전쟁을 반대한 철저한 휴머니스트였다.

보부아르와 사르트르는 한때 열성적으로 공산주의 활동을 하였다. 물론 행동하지 않는 지성으로서 말이다. 사르트르를 신랄하게 비판한 역사학자 토니 주트는 『20세기를 생각한다』에서 사르트르에 대해 이렇게 평가했다.

"나는 제2차 세계대전을 똑바로 보지 못한 것이 사르트르 최악의 결점이라고 생각하지 않는다. 정치적 근시안, 비정치적인 세계관, 프랑스 인민전선이라는 격변이 있었는데도 근 10년간 어떤 종류의 정치적 참여나 대응도 없이 지냈던 사람이다. 또 1930~1940년대 모호함이 사라진 뒤에도 올바로 사고하지 못했다. 사르트르는 공산주의의 죄과에 대한 논의를 끈질기게 거부, 침묵했다. 사르트르는 어려운 선택을 피할 방법을 찾아냈다. 회피, 시치미 떼기로."[53]

보부아르와 사르트르는 늘 단골 카페에 죽치고 앉아 병적인 수다를 떨며 시간을 보냈다. 안락의자 위의 공산주의자라고 부를 수밖에! 보부아르는 여러 명의 레즈비언 연인을 두었고, 또 알베르 카뮈를 사랑하기도 했다. 토니 주트는 이에 대해 "보부아르가 알베르 카뮈에게 매혹되었다는 것은 의심의 여지가 없는 사실이며, 사르트르가 그 젊은이를 그토록 질시했던 한 가지 이유였을 것이다."[54]

모순적 삶

보부아르는『제2의 성』을 통해 남성이 여성을 억압하고 종속된 지위에서 벗어나기 위해 여성이 독립된 주체가 될 것을 설파한다. 그렇다면 어째서 보부아르는 계약 결혼이라기보다 정식 혼인에 가까운 결혼생활을 끝까지 지속했을까. 외모로 보자면 사르트르는 단신에 얼굴은 얽은 데다 사시였고 보부아르는 세련된 미모의 소유자였다.

계약 결혼 내내 이들의 자유분방한 연애 행각은 피장파장이었다. 『지식인의 두 얼굴』을 쓴 폴 존슨은 보부아르와 사르트르를 신랄하게 쪼아댔다. 보부아르가 21세에 사르트르를 처음 만났을 때 그는 이렇게 말했다고 한다. "이제부터 나는 당신을 내 휘하에 두겠어."[55] 또 다른 언급도 흥미롭다.

"영민하고 굳센 보부아르는 처음부터 그의 노예가 되어 사르트르가 죽을 때까지 그의 애인, 부인 대리, 요리사와 매니저, 여성 보디가드, 간호사로서 사르트르에게 봉사했다. 사르트르가 살아 있는 동안

그 페미니즘은 틀렸다

법적·금전적 지위를 전혀 획득하지 못했다. 문학사를 뒤져봤을 때, 남자가 여자를 이용하는 데 이보다 더 악독한 사례는 몇 안 된다. 그녀의 실제 인생은 페미니즘이 상징하는 모든 것을 등졌다. 보부아르 제자들은 사르트르와 애인 관계에 있었고, 사실상 보부아르는 뚜쟁이 역할을 한 듯하다. 사르트르는 말년에 비밀리에 딸을 입양하였고, 사르트르 사후 그의 저작권을 모조리 물려받았다. 보부아르를 최후로 배신한 것이다."[56]

보부아르는 참으로 모순적인 여성이다. 끝까지 사르트르에게서 착취를 당했으나 스스로 벗어나지 않았다. 그랬음에도 보부아르가 사르트르에 대해 남긴 말은 유명하다. "내 인생의 가장 큰 성공은 사르트르였다." 사랑보다 의리였을까?

보부아르 『제2의 성』의 결론도 아이러니하다. "남녀 관계는 인간의 가장 자연적인 관계다." 보부아르의 생애는 페미니즘 이론을 적용하기에는 앞뒤가 맞지 않는다. 페미니즘의 대모라 치켜세우기 전에 그녀의 일생에 대한 냉철한 평가가 필요하리라 본다. 페미니즘 자체가 많은 모순을 안고 있는 것처럼 페미니스트 운동의 어머니로 평가받는 보부아르 역시 혼란스럽기 그지없다.

알렉산드라 콜론타이와
사회주의 여성운동

기억되지 않는 이름, 콜론타이

3월 8일은 '세계 여성의 날'이다. 이날과 관련하여 우리에게 이름이 거의 알려지지 않은 여성, 어쩌면 잊힌 여성이 있다. 바로 러시아의 알렉산드라 콜론타이(1872~1952)다.

콜론타이는 1910년 덴마크 코펜하겐에서 열린 '국제 여성 사회주의자 회의'에 참석하여 '세계 여성의 날'을 지정할 것을 제안했다. 전해인 1909년 『여성 문제의 사회적 기초』를 집필하여 날로 증가하는 여성 노동자 인구를 언급하며 이와 더불어 여성 노동자 계급의 권리를 역설했다. 또한, 여성 노동자의 경제적 독립, 결혼, 양육 그리고 여성의 정치적 권리 즉 프롤레타리아 여성의 정치가 가야 할 궁극적인 목표를 설파했다.

1910년 '세계 여성의 날' 제안은, 당시 독일 사회민주당 소속으로 마르크스주의 이론가이자 여성운동가였던 클라라 제트킨과 함께한

그 페미니즘은 틀렸다

공동 작업의 결과물이었다. 콜론타이와 제트킨은 각각 러시아, 독일 사회민주당 출신이지만 공산주의 혁명가라는 공통점이 있다. 그런데 페미니즘 이론서나 여성운동사에서 클라라 제트킨의 이름은 있어도 알렉산드라 콜론타이의 이름은 잘 언급되지 않는다. 알렉산드라 콜론타이는 러시아혁명가이자 사회주의자이며 학자, 외교관 그리고 여성운동가였다. 러시아 볼셰비키혁명이 무르익던 시기 레닌을 지지하며 러시아혁명을 완수하는 데 지대한 공헌을 한 여성이었다. 미국과 유럽이 중심이 된 서방 세계의 페미니즘은 러시아혁명가였던 여성을 그늘 속에 묻어둔 게 아닐까.

취지를 상실한 세계 여성의 날 기념행사

앞에서 말했듯, 한국 여성계는 '세계 여성의 날' 회차를 다르게 계산한다. 한국여성단체연합은 2018년에 제34회 세계 여성의 날을 기념했다. 하지만 한국노총과 민주노총은 1908년 미국 여성 노동자들이 최초로 시위를 벌인 해를 시작으로 세계 여성의 날을 기념하기 때문에 2018년에 제110주년을 맞았다. 본래 취지로 볼 때 두 노동조합이 기념하는 회차가 적절하며, 세계 공통이기도 하다.

그런데 한국여성단체연합은 다른 회차를 고집할까? 자신들이 행사 주관 단체가 된 1985년을 시작으로 잡기 때문이다. 한국여성단체연합은 자신들만의 기준으로 세계 여성의 날을 기념하는 셈이다.

정통성으로 본다면 노동조합이 노동자 그중에서도 여성 노동자들을 위한 세계 여성의 날을 주관하고 이끌어야 마땅하다. 그러나 좌파이면서도 부르주아 페미니스트계 성향의 여성단체인 한국여성단체연합의 목소리가 더 크게 울려 퍼진다. 그 속에서 세계 여성의 날은 철저히 정치적인 이익 단체의 행사로 전락하고 말았다. 이런 환경에서 한국여성단체연합, 한국노총, 민주노총 3개의 행렬이 각각 다른 장소에서 세계 여성의 날 기념식을 치르고 각기 행진을 한다. 콜론타이와 제트킨이 제안한 여성들의 정치적 평등과 프롤레타리아 여성들의 권리 투쟁을 위한 세계 여성의 날 본래의 취지에서 한참 벗어났다고 볼 수 있다.

여성운동의 오래된 미래

세계 여성의 날의 본령을 잘 이해할 수 있는 책이 있다. 『콜론타이의 여성 문제의 사회적 기초·세계 여성의 날』이다. 얇은 책자이지만, 콜론타이의 러시아 여성운동에 대한 고찰과 첫 '전 러시아 여성 대회' 개최, 노동자 조직 지원, 뛰어난 저술 활동, 유럽 각국의 사회주의자와의 교류를 통한 외교적 행보 등 파란만장한 일생이 압축되어 있다.

콜론타이의 일생이 러시아혁명사이며, 러시아 여성운동의 주춧돌이었다. 특히, 독일 사회민주당의 로자 룩셈부르크, 클라라 제트킨 등 전 유럽을 아우르는 사회주의자들과의 연대와 독일 사회민주당 내 유력 정치인들 회동은 콜론타이라는 여성이 얼마나 역량이 탁월한 인물인지를 보여준다.

그 당시 유럽은 어지러운 시대였다. 러시아혁명이 잉태되고 있었고, 유럽 각 국가는 대부분 사회주의와 자본주의를 혼합한 사회민주

그 페미니즘은 틀렸다

주의 정치 체제였다. 독일 사회민주당은 1890년대 말부터 '수정주의 논쟁'이 불붙어 1910년 전후로 노선 분열이 시작되었다. 수정주의 논쟁은 독일 사회민주당 거두 베른슈타인이 마르크스주의를 비판하면서 불거졌는데, 룩셈부르크가 이를 가장 격렬하게 논박했었다. 세계 여성의 날을 기초한 콜론타이와 클라라 제트킨은 로자 룩셈부르크를 지지하였고, 클라라 제트킨은 로자 룩셈부르크와 함께 독일 공산당에 투신하였다.

『콜론타이의 여성 문제의 사회적 기초·세계 여성의 날』은 콜론타이의 여성운동의 방향성에 대한 철학과 실천 방향에 대한 내용을 담고 있다. 콜론타이는 이미 1909년 부르주아 페미니스트의 여성운동을 비판함과 동시에 프롤레타리아 여성 노동계급의 진정한 목표에 대해 적시하고 있다. 콜론타이의 말을 빌려보자.

"정치적 권리, 즉 투표장에 갈 권리와 의회에 앉을 권리가 바로 부르주아 여성운동의 진정한 목표다. 하지만 자본주의 착취 체제 전체를 내버려둔 상황에서 정치적 평등이 과연 여성 노동자를 여성으로서, 인간으로서 괴롭히고 억압하는 고통스러운 악의 구덩이에서 구해줄 수 있을까? 프롤레타리아 여성 중 더욱더 각성한 사람들은 정치적 평등이나 법률상의 평등이 여성 문제의 모든 양상을 해결할 수 없다는 것을 알고 있다. 여성들이 강제로 노동력을 팔아야 하고 자본주의의 멍에에 매여 있는 한, 새로운 가치를 만들어내는 현재의 착취 체제가 계속되는 한, 여성들은 자유롭고 독립적인 인간, 마음이 가는 것에 따라서 남편을 선택하는 아내, 걱정 없이 자녀의 미래를 바라볼 수 있는 어머니가 될 수 없다. 프롤레타리아 여성의 궁극적인 목표는 기존의 적대적인 계급 기반 사회를 무너뜨리고 새롭고 더 나은 세계, 인간이 인간을 착취하는 것이 불가능해지는 그런 사회를 건설하는 것이다."[57] 여기에 콜론타이의 여성운동 기본 정신이 담겨 있다.

또한, 콜론타이는 부르주아 페미니즘과는 완전히 다른 입장임을 명확히 한다. "프롤레타리아 여성들은 남성을 적이나 억압자로 보지 않고 남성들을 오히려 일상의 고역을 나누고 더 나은 미래를 위해 함께 싸우는 동지로 생각한다. 여성과 여성의 남성 동지들은 모두 같은 사회 모순으로 착취되고 있다."[58]

"페미니스트의 목적은 무엇인가? 그들의 목표는 자본주의 사회 내에서 현재 자신의 남편, 아버지, 형제들이 가지고 있는 것과 같은 똑같은 혜택, 권력, 권리를 획득하는 것이다. 여성 노동자들의 목표는 무엇인가? 그들의 목표는 태생과 부에서 나오는 모든 특혜를 폐지하는 것이다. 여성 노동자들에게 있어서 남성과 여성 중 누가 '지배자'인지는 관심 밖의 문제다. 여성 노동자들은 노동자 계급 전체와 함께 해야만 노동자로서의 자신이 처한 상황을 개선할 수 있다."[59]

이 내용은 현재 유행되고 있는 급진적 페미니즘이 가진 모순점을 정확히 통찰하고 있다. 남성은 지배자, 여성은 희생자로 규정함과 동시에 남녀 분리주의로 향하는 페미니즘의 잘못된 방향을 100년 전에도 인식하고 있었다는 것이다.

한편 이 책을 통해 레닌을 만날 수 있다. 콜론타이가 레닌의 여러 저서를 영어, 스웨덴어, 노르웨이어 등으로 번역하여 알리는 역할을

그 페미니즘은 틀렸다

했기 때문이라고 한다. 6~7개국 언어에 능통했던 콜론타이는 레닌의 1917년 10월 혁명 완수에 핵심 역할을 하였다. 이 책에는 1921년 3월 8일 세계 여성의 날을 맞아 레닌이 《프라우다》에 기고한 글이 실려 있다. 레닌은 이 글을 이렇게 마무리한다.

"어떤 것도 제국주의의 멍에로부터 인민의 해방, 자본의 굴레에서 벗어난 노동자의 물결을 멈출 수 없다. 수백만, 수천만의 남성 노동자와 여성 노동자들이 도시와 교외에서 대의를 밀고 나가고 있다. 그리하여 자본이라는 굴레로부터 노동해방이라는 대의는 전 세계에서 승리할 것이다."[60]

세계 여성의 날을 만든 콜론타이가 왜 여성의 날이 조직되었는지에 대해 설명하고 제1회 세계 여성의 날 개최 당시 전개되던 러시아 여성운동을 둘러싼 상황을 분석하며 여성의 날 필요성에 대해 주장한 내용을 읽노라면 볼셰비키혁명 당시 러시아와 유럽 각국의 시대적 상황이 파노라마처럼 펼쳐진다.

콜론타이의 삶의 여정을 통해 오늘날의 여성운동과 '세계 여성의 날'이 가진 본질적 의미를 되돌아본다. 아울러 요즘 벌어지고 있는 급진적 페미니즘의 문제점을 생각한다. 혁명가이자 저술가이며 노벨평화상 후보에까지 오를 정도로 외교적 역량이 뛰어났던 위대한 여성 알렉산드라 콜론타이의 일생은 그 자체로 여성운동사다.

스타 페미니스트,
베티 프리단과 글로리아 스타이넘

미국 급진 페미니즘의 리더

베티 프리단(1921~2006)과 글로리아 스타이넘(1934~)은 1960년대 이후 미국의 페미니스트 운동을 이끈 대표적인 스타 페미니스트다. 미국의 급진적 페미니즘이 전 세계 여성운동에 특별한 파급력을 끼쳤다는 점에서 두 여성의 중요성이 크다. 두 사람은 페미니스트 운동가이지만, 노선의 차이가 있고 그로 인한 주도권 다툼으로 갈등을 빚기도 했다. 공통점이 있다면 그녀들을 지지하던 페미니스트들의 뒤통수를 가격했다는 것이다.

베티 프리단: 부엌 바닥에서 일어나!

베티 프리단에 대한 평가는 부르주아 페미니스트, 자유주의 페미니스트로 요약된다. 그녀는 부유한 집 안에서 태어났으며 명문대 출신으로 안락한 결혼생활을 했던 전형적인 미국 백인 중산층의 상징이

그 페미니즘은 틀렸다

었다. 1960년대는 미국 중산층의 시대다. 제2차 세계대전 종전 후 미국은 경제적 번영과 자유주의 절정의 시대를 맞이한다. 중산층의 삶은 풍요했다. 중산층 백인 주부들은 고학력에 교외에 좋은 저택을 소유하고 살았지만, 이런 풍족함 뒤에 감추어진 정신적 공허함도 함께 느꼈다. 베티 프리단도 이런 주부 중 한 사람이었다.

베티 프리단은 1963년, 이런 문제의식을 담은 『여성의 신비』를 출판한다. 이 책은 이전 세대의 여성운동 결과물인 정치적 권리, 법적 권리, 교육의 권리를 얻은 후 침체기에 놓여 있던 페미니즘이 재등장하는 데 마중물 역할을 하였다. 그녀는 이렇게 외쳤다.

"침대를 정리하고, 시장에서 장을 보며, 소파의 슬립 커버를 고르고, 아이들과 땅콩버터 샌드위치를 먹고, 보이스카우트와 걸스카우트 모임에 아이들을 실어나르고, 밤에 남편 옆에 누워서도 그녀들은 스스로에게 이 한마디가 묻기 두려웠던 것이다. '이게 내 삶의 전부란 말인가?'"

『여성의 신비』는 여성들, 특히 고학력 중산층 백인 여성들을 각성시키며 사회적으로 큰 반향을 일으켰다.

그 이후 베티 프리단은 본격적인 페미니스트 운동가로 변신했으며 《뉴욕타임스》를 비롯한 신문에 활발한 기고를 이어갔다. 또한, 워싱턴이나 각 주에 조직화된 여성 대변자가 전혀 없다는 현실을 깨닫고 1966년 여성 조직인 'NOW'를 출범시켰다. 단체의 설립 목적은 "지금 즉시 여성을 미국 사회의 주류에 완전히 참여하도록 하는 조치를 취하기 위해 남성과 진정으로 평등한 공동 협력을 통하여 미국 사회에 대한 모든 특권과 책임을 갖도록 한다"[61]였다.

베티 프리단의 저서와 남녀평등주의 사상에 고무된 중산층 백인 중심의 여성들은 프리단이 묘사한 '안락한 포로수용소'라는 중산층 가정을 박차고 나와 사회활동에 대거 참여했다. 또 한편으로는 경제의 급속한 발달로 여성의 노동력을 필요로 하는 추세와 맞아떨어졌다. 여성들이 각 분야에 걸쳐 진출하며 여성 노동 인력은 폭발적 증가를 보였다.

프리단에 대한 평가는 백인 중산층 여성을 위한 부르주아적 페미니즘의 한계를 벗어나지 못한다는 데 모인다. 고학력 엘리트 여성들의 사회적 활동은 당시 분출되고 있었던 흑인 민권운동, 그중에서도 흑인 여성을 비롯한 다양한 인종 여성들의 삶과는 거리가 멀었다.

글로리아 스타이넘: 무엇을 이루기 위한 열망을 가진다면 미친년 소리를 듣게 된다!

1960년대 후반으로 접어들며 전 지구적인 수준으로 사회적 불만이 분출하기 시작했다. 68혁명이라 불리는 학생운동, 청년저항운동, 민권운동, 베트남전쟁 반대운동 등 광범위한 사회저항운동이 일어났다. 이때 청년저항운동의 일부로 급진적 페미니즘이 등장하였다.

이런 급진적 페미니즘의 조류를 타고 나타난 여성이 글로리아 스타이넘이다. 그녀는 그 이후 약 40년 가까이 페미니즘 아이콘으로 불린 스타 페미니스트다. 글로리아 스타이넘은 여성단체의 초청으로

그 페미니즘은 틀렸다

한국을 세 번이나 방문하였다. 국내 페미니스트들은 그녀를 숭배하 디시피 한다.

스타이넘은 프리단과는 여러모로 대조되는 페미니스트다. 부유한 가정 태생이었던 프리단과는 달리 가난한 백인 가정 출신으로 떠돌 이 생활을 할 정도로 궁핍했다. 이런 경험이 바탕이 되어 스타이넘에 게 별칭이 주어졌는데, '여행하는 페미니스트'다. 스타이넘의 회고록 『길 위의 인생』에는 전 미국을 여행하며 만난 다양한 유색 인종의 여 성들과의 우정이 기록되어 있기도 하다.

1970년 중반 무렵, 미국 페미니즘 운동에는 노선 갈등이 일어났 다. 페미니즘 운동 내 레즈비언을 수용하는 문제를 둘러싸고 논쟁이 벌어졌다. 베티 프리단은 페미니즘 운동에 레즈비언을 포함한다면 운동이 실패할 것이라는 입장을 명확하게 견지했다. 스타이넘은 그 반대에 섰다.

프리단과 스타이넘의 극적인 대립은 1975년 UN이 '국제 여성 의 해' 선포를 하면서 두드러졌다. 지미 카터 대통령이 재임 중이던 1977년 '성평등 헌법 수정안' 캠페인이 전개되었는데, 당시 민주당 전 당대회에서 여성 대표와 대변인 직책을 두고 두 사람이 대결을 펼쳤 다. 여성운동에 레즈비언을 수용하는 데 반대하였던 프리단이 입장 을 바꾸어 레즈비언 권리를 지지하고 나섰다. 이 대목에서 페미니즘 운동의 주도권을 두고 벌이던 대결의 양상이 드러난다. 결과는 떠오 르는 페미니스트 스타인 글로리아 스타이넘의 승리였다. 미국 여성 단체를 대표하는 대변인을 맡은 것을 시작으로 스타이넘의 시대가 열렸다. 스타이넘이 페미니스트들의 우상이자 패셔니스타로 등극한 것이다.

스타이넘은 페미니스트이기도 한 힐러리 클린턴의 오랜 지지자다. 2016년 미국 민주당 대선후보 경선에서 힐러리 클린턴과 버니 샌더스가 대결할 때 한 방송의 시사 프로그램에 출연해서 지지 발언을 했다. 이때 발언 내용이 큰 논란을 불러일으켰다. "젊은 여자애들이 버니 샌더스를 지지하는 건 남자애들에게 잘 보이고 싶어서 그러는 것!" 스타이넘의 발언은 페미니즘이 가진 모순을 스스로 증명하였다. 페미니즘이 그토록 없애고자 한 성차별을 또 다른 성차별로 대체한 것이다.

무비판적 미국 페미니즘 수용

한국의 페미니즘은 1970년대 미국의 페미니즘을 무비판적으로 받아들였다. 1970년대 중반 페미니즘 운동 안에 레즈비언을 받아들임으로써 미국의 급진적 페미니즘은 레즈비언 페미니즘적인 색채를 강하게 띠게 되었다. 레즈비언 페미니즘을 급진적 페미니즘의 한 분파로 분류하기에는 그 영향력이 너무 크다. 이때부터 레즈비언들은 이미 이익집단이 되었던 것이다.

스타이넘의 회고록 『길 위의 인생』을 보면 미국 페미니즘 운동은 한국 페미니즘 운동과 모든 면에서 현격한 차이를 보인다. 스타이넘은 미국 전역을 여행하면서 인디언 부족 여성, 히스패닉계, 멕시코계, 아시아계, 푸에르토리코계 등 다양한 유색 인종 여성들과 우정과 교류를 이어간다. 미국은 거대한 땅덩어리에 다양한 인종의 이민자들이 살아가는 나라다.

한국은 이와는 완전히 다르다. 이렇듯 인종적·문화적·역사적인 차이를 무시하고 미국식 페미니즘을 전적으로 받아들이는 것이 올바른 방향인가? 나는 이 점에 대해 늘 의문을 갖는다. 여성단체와 여성부 등에서 거액을 들여 스타이넘을 세 번이나 초대하여 무엇을 얻었는가? 한국 여성들의 삶에 어떤 도움을 주었는가?

스타이넘은 66세에 결혼식을 올렸다. 평생 독신으로 살며 레즈비언과 비혼 여성들의 특별한 애정을 받으며 여성의 권익을 위해 투쟁했던, 그래서 우상화되었던 그녀가 결혼했다. 상대는 놀랍게도 할리우드 유명 배우인 크리스찬 베일의 부친 데이빗 베일이었다.

1963년 『여성의 신비』를 통해 여성들이 가정을 박차고 나가 슈퍼우먼이 되기를 주장했던 베티 프리단은 노년에 급진적 페미니즘을 비판했다. 그리고 자신이 본래 있던 자리, 안락하고 편안한 그녀의 가정으로 돌아갔다.

그로부터 반세기가 지난 오늘날 슈퍼우먼의 실상은 어떤가? 새벽같이 일어나 남편과 아이들을 챙기고 교통지옥에 시달리며 출근하여 직장에서 온갖 스트레스를 받으며 정신없이 일하고, 파김치가 되어 집으로 돌아오니 집안일은 태산, 아이들 학업 문제, 시댁 일, 먹거리 해결, 일은 끝도 없이 매일매일 반복된다. 이게 내 삶의 전부란 말인가?

"모든 이론은 회색이다"라는 말처럼 이론 속에는 공허함이 존재한다. 1970년대식 급진적 페미니즘의 해묵은 교리는 결국은 공허하다. 미국의 유명한 음식 평론가이자 작가, 환경운동가인 마이클 폴란이 베티 프리단의 『여성의 신비』를 가리켜 퍼부은 독설은 흥미로운 관점을 전해준다.

"수백만 미국 여성들이 스스로를 억압하고 요리를 포함한 집안일을 잡스러운 허드렛일로 인식하게 만든 책이다."[62]

그 페미니즘은 틀렸다

쿠르드 여성해방이야말로
진정한 여성운동

쿠르드 민족과 압둘라 외잘란

2018년 2월, 외신을 타고 전해진 터키 소식은 경악스러웠다. 터키 대통령 에르도안이 정당 행사에 참석하여 여섯 살 소녀를 연단으로 불러 올려놓고는 "이 아이가 순교한다면 터키 국기로 덮일 것, 아이는 모든 준비가 돼 있다"고 하며 소녀에게 "순교 준비가 돼 있지?"라고 묻는 장면이 연출되었다.

그 자리에 모인 터키인들은 열렬히 환호했다. 도대체 터키에는 무슨 일이 벌어지고 있는가?

에르도안은 무려 10년간 총리를 지내고 현재 대통령으로 장기집권을 이어가고 있는 인물이다. 그의 6세 소녀 순교 압박 발언은 무엇을 염두에 두었을까? 다름 아닌 쿠르드 민족을 테러 분자로 간주하고 소탕 전쟁을 벌이는 상황이다. 분쟁이 일상처럼 벌어진 중동에서 터키가 쿠르드인을 절멸시키기 위해 벌이는 전쟁의 이유가 궁금하다.

이 의문을 해결할 수 있는 책이 나왔다. 『압둘라 외잘란의 정치사상: 쿠르드의 여성혁명과 민주적 연합체주의』다.

쿠르드나 압둘라 외잘란이라는 이름은 이따금 외신을 타고 들려오지만, 여기에 대해 잘 아는 사람은 극히 드물다. 그저 총기로 무장한 여성 전사들의 이미지가 떠오를 뿐이다. 터키와 쿠르드가 왜 대립했는지, 어떤 일이 어떻게 벌어지고 있는지 무관심하다.

이 책은 쿠르드 지도자 압둘라 외잘란이 구술로 집필했다. 1999년 나이로비에서 납치된 그는 터키 정부에 의해 19년째 외딴섬 임랄리의 감옥에서 홀로 감금되어 있다.

이 책을 통해 중동 정세에 관한 새로운 사실과 역학 관계를 엿볼수 있다. 그리고 쿠르드인이 처한 현실과 쿠르드 여성들의 생존을 위한 자유를 얻기 위한 투쟁 그리고 왜 쿠르드 여성들이 총으로 무장한 이유에 대해서 알 수 있다.

쿠르드 인구는 약 3,300만 명에 달한다. 터키 전체 인구 약 20%인 1,500만 명가량이 터키 동부에 집단 거주하며 이란·이라크·시리아와 독일 등 유럽에도 흩어져 있다고 한다.

터키인이기도 한 외잘란은 수감 상태에서 13권의 책을 썼다. 그의 저서는 세계 20개국에 번역되었고, 한국에서도 번역되었다. 터키에서 외잘란 서적은 금서다. 압둘라 외잘란을 분리주의 테러리스트로 간주하기 때문이다. 에르도안 정부는 테러리스트 외잘란이 이끄는 PKK(쿠르드 노동자당)가 터키로부터 독립하기 위해서 무장 투쟁을 하고 있다고 말한다. 이는 사실이 아니다. 외잘란은 '독립 국가 건

그 페미니즘은 틀렸다

설'을 주장하지 않는다. 쿠르드인을 포함한 다양한 공동체 즉, 민주적 연합체 안에서 공존하자는 것이 그의 사상이다.

여성의 해방이 곧 사회의 해방

외잘란은 이 책에서 쿠르드 여성의 자유를 외친다. 쿠르드 여성뿐 아니라 중동 여성들의 삶은 수천 년간 착취당했다. 진정한 여성의 자유, 여성의 해방이 이루어져야 할 곳이다.

외잘란의 여성해방론을 이해하려면 쿠르드에 대한 이해가 필요하다. 쿠르드인은 중동에서 가장 오랜 원주민이라고 한다. 조로아스터교 영향을 받아 여성과 남성이 동등하게 들판에서 함께 일하는 평등한 사회를 이루었다. 외잘란은 여성이 사회적으로 패배한 과정을 분석하지 않고는 후에 이어진 남성 지배 문화의 근본 특징을 이해할 수 없다며 신석기 시대로 거슬러 올라간다. 신석기 시대는 모계사회이자 농경사회였다. 여성의 일이 훨씬 많았고 또한 중요했다. 그러나 청동기 시대로 오면서 부계사회로 전환되어 오늘날에 이르고 있다고 설명한다.

외잘란은 쿠르드 여성들은 전통적으로 힘과 용기가 남달랐으나 지금의 상황은 끔찍하다고 말한다. 쿠르드인은 아랍 세계에서 핍박받는 민족이며, 전쟁 상황에서 가장 약자는 아이와 여성들이니 말이다.

외신 속 쿠르드 여전사들의 모습은 군복을 입고 총으로 무장했으며 얼핏 매혹적이기까지 하다. 아름다운 이미지로 포장된 여전사들이다. 하지만 외잘란은 단호히 말한다. "쿠르드 여성 전사의 이미지를 소비하지 말라." 생존이 걸린 전쟁터에서 쿠르드 여성 활동가들이 살해당하는 엄연한 현실을 간과하지 말라는 뜻이다. 외잘란은 이 책을 통해 쿠르드뿐 아니라 전체 중동 사회 여성의 지위와 자유에 대해 역설한다. 여성의 해방이 곧 사회의 해방임을 강조한다.

외잘란의 말을 들어보자.

"중동의 모든 사회문제에 대한 해법은 여성의 지위를 그 중심에 두어야 한다. 성평등을 달성하지 않으면 자유와 평등 또한 실현될 수 없다. 민주화의 가장 영속적이고 포괄적인 요소는 여성의 자유다."

"국가에 대한 분석 없이 사회의 심적 상태를 분석하고, 가족을 분석하지 않고 국가를 분석하고, 남성을 분석하지 않고 여성을 분석하는 것은 충분한 결과를 낼 수 없다."

"여성의 자유와 평등의 수준은 사회의 모든 부문의 자유와 평등을 결정한다."

넓은 시야와 합리적 지성

외잘란은 쿠르드 여성 혁명은 급진적 남성 혐오와 관계없음을 명확히 설파한다.

"페미니즘 운동은 여성이 지배적인 남성의 억압받는 여자일 뿐임을 강조한다. 그러나 여성의 현실은 단지 별개의 성이라는 차원에 머무르지 않는다. 훨씬 더 포괄적인 경제적·사회적·정치적 차원의 것과 관계가 있다."

그의 말은 오늘날 한국 사회를 휩쓸고 있는 급진적 남성 혐오 페미

그 페미니즘은 틀렸다

니즘에 대해 돌아보게 한다. 현대 페미니즘의 '여성은 남성에게 종속되어 있으며 피해자요 희생자'라는 주장과 쿠르드 여성해방운동은 차원이 다른 문제임을 분명히 하고 있다.

쿠르드를 포함한 전체 중동 여성들의 자유와 평등은 절박한 생존의 문제다. 쿠르드 여성들은 강인하고 힘과 뛰어난 용기로 아랍 국가들의 핍박과 터키의 쿠르드 역사와 문화유산 절멸에 맞서 힘겹게 싸우고 있다.

쿠르드 여성들이 처한 상황은 아시아 최고 수준의 성평등 국가인 한국 여성들의 삶과 극단적으로 대비된다. 그런데도 국내 페미니스트들의 불만이 하늘을 찌르는 현실이다. 우리에게는 더 넓은 시야와 사회를 보는 합리적인 지성이 절실히 요구된다. 진정한 여성운동이 필요한 곳과 연대하고, 세상을 전체적으로 조망하는 여성운동이 일어나기를 기원한다.

쿠르드 여성들이 총을 내려놓고 쿠르드 땅에 평화가 찾아오기를, 진정한 자유를 쟁취하기를 마음으로 연대한다.

역자(정호영)가 해제를 통해 외잘란과 쿠르드에 대해 압축적으로 소개한 내용을 여기에 옮겨보았다.

○ 외잘란은 분리주의자가 아니다.

○ 외잘란은 테러리스트가 아니다.

○ 외잘란은 마르크스-레닌주의자가 아니다.

○ 외잘란은 아나키스트가 아니다.

○ 외잘란은 자신의 사상을 '민주적 사회주의' '사회주의적 공동체주의'라고 부른다.

○ 외잘란 사회주의는 반자본주의가 아니라 민주주의다.

○ 쿠르드 여성 전사의 이미지를 소비하지 말라.

○ 쿠르드 여성 혁명은 급진적 남성 혐오와 관계없다.

○ 한국에서 외잘란을 읽는 것만으로도 터키에서 민주화를 바라는 모든 사람에게 연대가 될 것이다.

그 페미니즘은 틀렸다

페미니즘 문학 다시 읽기 ①
샬럿 브론테 『제인 에어』

『제인 에어』가 페미니즘 문학이라고?

샬럿 브론테(1816~1855)의 『제인 에어』는 내가 특별히 사랑하는 문학작품 중 하나다. 1847년에 출판되어 170년 넘게 지났지만, 여전히 낭만 소설의 최고봉을 차지하고 있다. 나는 1970년에 국내에서 출판된 낡고 오래된 책을 가지고 있는데, 샬럿 브론테의 자매 에밀리 브론테의 『폭풍의 언덕』이 함께 수록된 매우 두꺼운 책이다.

가끔은 『제인 에어』를 펼쳐 들고 아무 곳이나 읽곤 한다. 이 작품을 읽으면 따끈하고 달콤한 핫초콜릿을 한 잔 마신 듯 이내 마음의 위안을 얻는다. 『제인 에어』는 훌륭한 장편 성장 소설이며 스릴러, 반전, 최고의 낭만 등 소설이 갖추어야 할 모든 요소를 다 지니고 있다.

페미니즘이 최신 유행이 된 현재 '페미니즘 문학 읽기 모임' 목록에 『제인 에어』가 꼭 포함된다. 페미니스트들은 문학작품 속에서 페미니즘 요소를 찾아 재해석하는 경향이 있다. 물론 페미니즘 시각으로 문학작품을 다시 볼 수 있다. 하지만『제인 에어』를 페미니즘 문학의 범주로 편입시키는 것은 못마땅하다. 남녀노소 구분 없이 누구에게나 사랑받아야 명작에 페미니즘 문학이라는 라벨을 붙이는 게 매우 불만이다.

페미니즘 문학 비평은 1970년대에 등장하였다. 급진적 페미니즘 열풍 속에 마르크스주의를 페미니즘으로 재해석히는 작업 등이 활발하게 이루어질 때였다. 버지니아 울프가 페미니즘 문학 비평으로 재조명된 것이 대표적이다.

버지니아 울프는『자기만의 방』에서 탁월한 여성 작가인 제인 오스틴, 샬럿 브론테, 에밀리 브론테의 여성으로서의 글쓰기를 위한 조건, 즉 여성 작가의 주위 환경을 언급했다. 그 후 샬럿 브론테의『제인 에어』는 페미니즘 문학 범주로 재해석되는 리스트에 빠짐없이 등장하게 되었다.

영국 사회를 향한 문제의식

나는 왜『제인 에어』를 페미니즘 문학으로 해석하는 것에 반발할까? 그 이유를 알기 위해 작품 속으로 들어가 보자.

샬럿 브론테는 '해가 지지 않는 나라'로 불리며 최고의 번영을 구가했던 영국 '빅토리아 시대'에 태어나 그 시대를 온전히 살았다. 빅토리아 여왕이 통치하던 시대는 겉으로는 산업혁명으로 급속한 경제 발전과 번영을 구가했지만, 신분 계급이 엄격하고 권위적이며 허위의식이 만연한 귀족이 지배하는 사회였다.

그 페미니즘은 틀렸다

『제인 에어』는 이런 세상을 꼬집는 내용으로 문제의식을 던졌다. 자선 기숙학교의 열악한 환경 묘사, 서민으로 살았던 작가의 삶을 반영한 주인공 설정, 빼어난 스토리 전개, 주인공인 제인 에어에 대한 탁월한 심리 묘사, 낭만적인 사랑의 행로를 담은 소설은 출간되자 큰 반향을 일으켰다. 빅토리아 시대 최고의 작가였던 찰스 디킨스의 작품 『올리버 트위스트』가 대표적인 당시의 사회비판 소설로써 산업혁명 시대를 살아가는 하층민의 처참한 삶을 뛰어나게 묘사한 것과 같은 맥락이다.

샬럿 브론테는 가난한 목사의 딸로 태어났다. 샬럿 브론테의 자매는 여러 명이었는데 그중 샬럿, 에밀리, 앤은 문학에 소질을 타고났다. 세 자매가 공동으로 시집을 엮어 출판사로 보내기도 했다. 이때 세 자매는 남성 이름을 필명으로 사용했다. 여성이 문학을 한다는 것이 인정받기 어려운 시대였기 때문이다.

샬럿 브론테의 기숙학교 생활, 가정교사, 또 학업을 계속하던 중 연모의 정을 느꼈던 교수 등은 『제인 에어』의 모티브가 되었다. 영국의 작가이자 비평가인 월터 앨런은 『제인 에어』를 가리켜 "영어로 쓰인 최초의 낭만주의 소설"이라는 평을 남겼다.

아름다운 낭만 소설

『제인 에어』는 여러 차례 영화로 만들어진 바 있고 스토리는 널리 알려졌지만, 이 소설을 페미니즘 문학 범주에 넣는 것이 합당한가를 살펴보기 위해 줄거리를 간단히 소개한다.

제인 에어는 유아기에 부모를 모두 잃고 부유한 외숙모에게 맡겨져 양육된다. 사촌 세 명과 함께 성장하며 외숙모의 갖은 구박과 학대를 견디며 어린 시절을 보낸다. 열 살이 되던 무렵, 결국 구빈 시설인 자선 학교로 보내져 고아들과 함께 자란다. 비참한 환경 속에서도 자애로운 '템플'을 만나 학업에 열중하며 고독한 삶이지만 꿋꿋하게 성장한다. 자선 학교를 떠나야 할 시기가 오자 제인 에어는 가정교사 자리를 구한다.

그녀가 한 몸 의탁할 곳은 가정교사 자리가 유일했다. 그녀는 '로체스터 가'에 가정교사로 채용되어 손필드 저택으로 간다. 그 도중에 여행에서 돌아오는 길의 얼음판에서 낙상한 로체스터와 운명적인 만남을 갖는다. 제인 에어는 손필드 저택에서 성격이 명랑하지만 출생의 비밀을 가진 어린아이의 가정교사를 하며 로체스터에게 호감을 키운다. 로체스터는 짐짓 냉담하게 대하지만 침착하고 슬기로운 인성을 가진 제인 에어를 사랑하게 된다. 하지만 손필드 저택은 어딘가 모르게 늘 음산한 기운이 흐른다. 가끔 한밤중에 저택을 휘감는 여자의 괴상한 웃음소리가 들리는 등 불길함이 감돈다. 로체스터는 부유하고 화려한 귀족 여성들을 초대해 파티를 열지만 제인 에어는 평정심을 잃지 않고 자신의 지위에 맞게 침착하게 처신한다.

귀족 손님들이 묵고 있던 한밤중, 의문의 남자가 칼에 찔리는 사건이 발생한다. 이때 제인 에어는 곤경에 처한 로체스터를 조용히 돕는다. 로체스터는 그런 제인 에어를 더욱 깊이 사랑하게 되어 청혼했고 두 사람은 결혼을 약속한다. 결혼식 날 로체스터의 숨겨진 비밀이 드

그 페미니즘은 틀렸다

러난다. 그에게는 전 부인이 있으며 현재 손필드 저택 다락방에 감금된 생활을 하고 있었다. 로체스터의 전 부인은 정신병을 앓고 있었다. 결혼식은 중단되었고, 충격을 받은 제인 에어는 아무것도 지니지 않은 채 어둠 속의 손필드 저택을 빠져나온다.

며칠 동안 굶주린 채 황야를 헤매던 그녀는 따뜻한 사람들을 만나게 된다. 그곳에서 생활하며 차츰 안정을 찾는다, 이후 목사 세인트존의 청혼을 받는다. 세인트존은 기독교적 사명감으로 선교 활동을 함께할 동반자로 제인 에어를 선택하지만 제인 에어는 갈등한다. 자신이 진정으로 사랑하는 사람인 로체스터가 마음속 깊이 남아 있기 때문이다. 제인 에어는 어느 날 로체스터가 자신을 부르는 듯한 환청을 듣고 운명에 이끌리듯 손필드 저택으로 돌아가기로 결정한다.

다시 찾은 손필드 저택은 폐허가 되었고 로체스터는 시력을 잃은 상태였다. 정신병이 더욱 심해진 로체스터의 전 부인이 깊은 밤에 저택에 불을 질렀고 로체스터는 그녀를 구하기 위해 애쓰다 화를 입은 것이다. 제인 에어는 불타버린 저택 옆 허름한 집에 기거하는 로체스터 곁으로 다가간다. 다시 만난 두 사람은 감격적인 재회에 이어 결혼식을 올렸다. 로체스터가 수술로 한쪽 눈의 시력을 되찾으며 소설이 끝난다.

『제인 에어』는 진정한 사랑의 힘이 무엇인지 보여준다. 그리고 미모를 갖추지 못했으나 자주적이고 독립적으로 운명을 개척하는 여성상을 시대를 앞서 제시했다. 남성에게 기대어 수동적으로 살아가는 여성이 아니라 꿋꿋하게 자신의 길을 스스로 선택하며 고난을 헤쳐나가는 주인공의 삶을 두고 페미니즘 시각으로 해석할 수도 있으리라.

하지만 스토리 전개는 너무도 치밀하고 로맨틱한 그러나 품격 있는 통속적 서사를 담았다. 여성 작가가 설 자리가 없었던 빅토리아 시대에 여성 주인공을 내세웠다 해서 페미니즘 문학이라 부르는 것이 이 작품을 사랑하는 사람으로서 유감이다. 『제인 에어』가 출판 170년이 지난 오늘날에도 매력적인 스토리와 표현으로 감동을 전해 주는 낭만 소설로 누구에게나 사랑받기를 원한다.

그 페미니즘은 틀렸다

페미니즘 문학 다시 읽기 ②
버지니아 울프 『자기만의 방』

부유한 엘리트의 한계

버지니아 울프(1882~1941)에게는 '페미니즘 작가'라는 수식어가 따라다닌다. 그녀는 18~19세기에 활동한 탁월한 여성 작가들의 문학을 페미니즘 시선으로 비평함으로써 페미니즘 문학 비평의 효시를 열었다는 평가를 받았다.

1929년에 출판된 『자기만의 방』은 페미니즘 문학의 고전으로 불린다. 물론 페미니스트들이 버지니아 울프에게 바치는 상찬이다.

버지니아 울프는 페미니스트인가? 그녀가 페미니스트라 자처한 적은 없지만, 오늘날 페미니즘 문학의 아이콘이 된 것은 분명하다. 역사에 대한 평가가 후세의 몫이듯 그녀 문학에 대한 평가도 마찬가지일 것이다.

나는 버지니아 울프의 문학을 좋아하지 않는다. 페미니스트들이 입을 모아 위대한 여성 작가라 칭송하는 그녀의 작품은 견딜 수 없을 정도로 지루하고 취향에 맞지도 않다. 버지니아 울프에 대한 나의 관점은 이렇다. 버지니아 울프는 페미니스트가 될 수도 없으며, 될 마음조차 없었다. 이에 대해 자신 있게 말할 수 있다. 그녀는 페미니스트가 되기에는 너무도 개인주의자이며 에고이스트인 자유주의자였다. 죽을 때까지 자기 뜻대로, 하고 싶은 대로 살다 60세가 되던 해 스스로 죽음을 택했다.

그녀의 삶은 페미니스트들이 가공한 이미지, 즉 남성의 억압과 가부장제 사회의 희생자와는 거리가 멀었다. 버지니아 울프는 그 시대의 특권 계층이었다. 엘리트 집 안 출신으로 그녀 자신 또한 엘리트였으며 뼛속까지 유한계급이었다.

그녀가 『자기만의 방』을 출판한 시기는 제1차 세계대전이 끝난 후다. 이어서 발생한 세계 대공황은 유럽 전체의 경기 침체를 불러왔다. 특히 대다수 여성의 삶은 피폐했다. 하지만 버지니아 울프는 일반 여성들이 처한 고초와는 거리가 먼 귀족적인 생활을 했다.

그녀에게 선천적으로 정신질환 증세가 있었던 것인지, 10대 초반에 정신병이 발병했다. 그런데도 영국 최고 수준의 명문 대학에서 공부하면서 당대의 내로라하는 지식인들과 교류를 이어갔다. 그녀의 이야기에 있어 빠질 수 없는 '블룸스버리 그룹'이 있다. 버지니아 울프의 오빠 토비의 제안으로 결성된 당대 엘리트들의 사교 모임으로 다양한 분야에 걸쳐 지식을 나누고 토론하는, 그러나 비공개를 원칙으로 하는 비밀스러운 그룹이었다. 버지니아 울프도 블룸스버리 그룹의 일원이었다. 당시 엘리트 중에서도 소수만으로 구성된 지식인 집단의 구성원이었던 것이다. 후에 울프와 혼인하는 레너드 울프를 비롯하여 존 메이너드 케인스, E. M. 포스터 등의 문화비평가, 미술가, 작가 등이 교류했다.

블룸스버리 그룹은 구성원들의 지적 활동과 별개로 다른 평가를 받는다. 동성애는 그들의 비밀스러운 전통이었다. 멤버 대부분이 양성애자로 자유로운 성애를 즐겼다. 로랑 조프랭은 『캐비어 좌파의 역사』에서 블룸스버리 그룹을 가리켜 "최고의 지성이 모인 이 클럽에서 동성애는 빈번했으며 일종의 비밀 의식이나 극도의 스노비즘적 발현으로 대접받았다"[63]고 평가했다. 경제학자인 케인스가 양성애자였고 버지니아 울프도 양성애자였다.

페미니즘 문학의 아이콘

버지니아 울프의 생애를 말할 때 어릴 적 사촌오빠에게 당한 성추행, 성폭력의 희생양이라는 프레임이 씌워진다. 그런데 여기에는 후대 급진적 페미니스트의 관점이 지나치게 주입되어 있다.

그녀는 문화적 총아 대접을 받으며 글을 쓰고 자신이 소유한 재산을 소비하며 부유하게 살았던 작가일 뿐이다. 당시 대다수 여성이 처한 문제가 무엇인지 관심도 없는, 엘리트적 허위의식으로 가득한 여성이었다. 레너드 울프와 결혼한 후에도 정신질환 발병과 자살 기도 등으로 자신과 싸우기에도 버거워했다.

버지니아 울프 문학이 페미니즘 문학 비평으로 재조명을 받은 시기는 급진적 페미니즘이 휩쓸던 1970년대였다. 이때 주목받은 작품이 바로『자기만의 방』이다. 이 책은 당시로서는 독특한 형식이었다. 버지니아 울프는 케임브리지대학교 내 여자 대학인 거턴과 뉴넘 두 곳에서 두 차례 강연했다. '여성과 픽션(소설)'이라는 주제였다. 이 강연문에『자기만의 방』이라는 제목을 달아 출판하였다. 엄밀히 말해 문학 작품이라 분류하기도 마땅치 않다.

『자기만의 방』은 여성 작가들이 글을 쓰기 위해 필요한 환경에 관해 이야기한다. 바로 이 대목이 페미니즘 문학을 재조명하는 중요한 부분으로 아이콘화되었다. 버지니아 울프가 살았던 시대와 그 이전 시대의 여성 작가들이 문학으로 성공하기에 어려운 환경이었다는 점은 명백하다. 샬럿 브론테와 에밀리 브론테 자매가 최초 출판물을 낼 때 남성 이름을 필명으로 사용했다는 사실로 여성 작가가 처한 열악한 문학적 상황을 짐작할 수 있다. 남성 작가보다 인정받기 어려웠고, 여성이 글을 쓰는 일조차 드물었다.

버지니아 울프는『자기만의 방』에서 "여성이 소설을 쓰고자 한다면 돈과 자기만의 방이 있어야 한다"고 말했다. 바로 이 구절이 페미니즘 사상에 크나큰 영향을 끼치게 되었다. 여성의 경제적 자립, 방으로 상징되는 자신만의 공간 확보는 가부장제에서 해방되는 필수 조건이라는 해석이 붙은 것이다.

어쨌든 여성이 작가가 되려면 작품에 몰두할 수 있는 가정 내 여건이 되어야 하는데, 자신만의 방과 생활을 꾸려나갈 정도의 경제적인 여력이 있어야 한다는 점이 강조되었다.

버지니아 울프는 영국의 유명 여성 작가 제인 오스틴, 샬럿 브론

그 페미니즘은 틀렸다

테, 에밀리 브론테, 조지 엘리엇 등을 예로 든다. 조지 엘리엇은『플로스 강의 물방앗간』으로 우리에게는 널리 알려진 작가다. 그런데 이들 영국의 선배 여성 작가들이 자신만의 방을 가졌을까? 제인 오스틴의 많은 작품은 자신만의 방에서 쓰인 게 아니다. 그녀는 공동의 거실에서 가족과 하인들 몰래 썼다. 브론테 자매는 여러 명의 형제로 인해 부침이 심한 가운데 가난 속에서 글을 썼다. 자기만의 방을 소유한 여성 작가가 남성보다 뛰어난 작품을 썼던 것은 아니다.

샬럿 브론테와 함께 빅토리아 시대를 살았던 엘리자베스 개스켈은 노동자들의 비참한 생활상을 담은 사회 소설로 유명하다. 목사인 남편과 빈민 구제 활동을 하였던 그녀는『남과 북』을 대표작으로 남겼다. 또 샬럿 브론테와 우정을 나누고 그녀의 사망 후『샬럿 브론테의 생애』를 쓴 엘리자베스 개스켈의 삶은 평생 부유하고 안락했던 버지니아 울프의 삶과는 극명한 대조를 이룬다.

버지니아 울프가 강조하듯 방과 돈으로 상징되는 물질적인 면이 뒷받침되어야 훌륭한 여성 작가가 되는 것은 아니다. 내가 버지니아 울프의 주장에 동의할 수 없는 이유다. 그녀 자신은 평생 윤택한 삶을 누렸다. 자신만의 방을 소유하며 남편이 운영하는 출판사를 통해 소설을 발표하며 살았다.

다른 관점으로 생각하면 레즈비언이었던 버지니아 울프와 부부로 살았던 그녀의 남편이야말로 피해자이자 희생자가 아닌가? 그녀는 남편 앞으로 남긴 유서에서 "나의 광기 때문에 당신을 더는 괴롭힐 수는 없다"며 용서를 빌었다. 이것은 버지니아 울프가 결혼 기간 내

내 남편을 착취한 행위에 대한 참회일까?

버지니아 울프는 『자기만의 방』으로 페미니즘 문학의 표상이 되었
다. 이것은 버지니아 울프 자신은 결코 원하지 않았을 문학적 규정이
라고 본다. 그녀는 자신만의 내적 갈등, 광기와도 싸우기 버거운 사람
이었으니까!

그 페미니즘은 틀렸다

급진적 페미니즘은 급진적 남성 혐오

나는 페미니스트가 아니다. 처음부터 줄곧, 지금까지 성평등주의자이며 휴머니스트가 되고 싶다. 앞으로도 그럴 것이다. 페미니스트 운동이 아닌 전체 여성을 위한 폭넓은 여성운동을 지지하고 여기에 동참할 것이다. 여성운동은 지속적으로 혁신되어야 하며 새로운 여성운동으로, 미래로 나아가야 한다.

남성이 한 가정의 수장이거나 사회가 남성 중심의 계급 구조인 시대는 이미 반세기 전이다. 급진적 페미니즘 역시 반세기 전 시대 상황에서 비롯되었다. 현재 급진적 페미니즘은 급진적 남성 혐오로 변질되었다.

한국 사회를 뒤흔든 '#Me Too 운동(나도 당했다)' 역시 변질된 측면이 보인다. 미국 할리우드를 넘어 한국으로 건너온 #ME Too 운동의 발단은 할리우드 거물 영화 제작자 하비 웨인스타인이 약 30년간 저질러온 성범죄 폭로였다. 이것이 #ME Too 운동을 촉발하였다. 제

아무리 할리우드 영화계가 미모와 몸매를 무기로 배역을 얻고 영화 배우로 성공하기 위해 실력 있는 영화감독과 제작자의 무릎 위에 스스로 올라가고 그들의 침실로 뛰어드는 곳이라 할지라도 성범죄를 덮을 수는 없다. 하비 웨인스타인은 미국 민주당 열혈 지지자였고 평소 페미니스트임을 자처했던 인물이었다.

한국의 미투운동은 검찰 간부에게 8년 전 성추행을 당했다는 S여검사의 폭로가 기폭제가 되었다. 그 후 일주일이 멀다 하고 터져나오는 성 추문으로 연극계는 초토화되었고 영화계, 탤런트, 방송인들이 차례로 연루되며 문화예술계는 아노미 상태에 빠졌다. 할리우드발 미투운동은 한국의 주로 좌파 취향과 성향의 문화예술계를 강타했다.

또한, 거물 정치인의 성 추문이 폭로되며 하루아침에 추락하는 모습이 스포츠 중계처럼 매일매일 방송되며 우리 사회를 뒤흔들었다. 대학가 역시 교수의 성 추문을 폭로하는 여자 대학생들의 시위와 항의가 거세다. 강단을 떠난 교수는 물론이고 스스로 목숨을 끊은 교수도 여럿이다. 누가 성추행을 했다는 소문만 나도 소셜미디어상에서는 즉결 심판이 이루어진다. 길게는 32년 전, 26년 전, 10년 전 일로 거슬러 올라가 폭로가 이루어진다.

먼저 시작되었던 급진적 페미니즘의 남성 혐오가 미투운동을 만나며 걷잡을 수 없게 일파만파 퍼져나가고 있다. 미투운동이 유명인만을 상대로 이어지고 있다는 점이 특징적이다. 이 때문에 변질되었다는 지적을 받는다. 유명인을 대상으로 폭로해야 주목받고 그것이 미투운동이라면, 힘없는 여성들을 상대로 음지에서 인권이 제대로

그 페미니즘은 틀렸다

지켜지지 않는 곳에서 일어나는 일은 어떻게 대응해야 하는가?

대학가 미투운동의 현장 사례를 하나 보자. 동덕여대 문예창작과 하일지 교수 사태다. 2018년 새 학기, 동덕여대 문예창작과 1학년 수업에서 하일지 교수는 '소설이란 무엇인가'란 주제로 강의를 했는데 그 과정에서 여러 이야기가 나왔다. 하 교수가 예로 든 작품은 김유정의 「동백꽃」이다.

동백꽃은 아주 짧은 단편으로 농촌 일상에서 벌어지는 삶을 김유정식 뭉근한 해학과, 웅숭깊은 문체로 희화화한 한국 단편 문학 중 대표작이다. 소설 속 동백꽃은 우리가 아는 붉디붉은 동백꽃이 아니라 생강꽃을 말한다. 강원도에서는 생강꽃을 동백꽃이라 부른다. 「동백꽃」은 이제 막 성년기로 접어든 농촌의 청춘남녀가 닭싸움을 매개로 싸우다 어느 순간 정분이 트는 이야기다. 점순이는 한국 단편 소설 중에서 매우 인상적인 캐릭터다.

소작인 아들 '나'와 마름의 딸 점순이는 서로 닭싸움을 붙인다. 물론 점순이가 먼저 시비를 건다. 계급적 측면에서 보면 소작인보다 마름이 상층 계급이다. 소작인을 지주 대신 관리하는 이가 마름이다. 그래서인지 점순이는 '나'를 만만하게 대한다. 그러다가도 불쑥 삶은 감자를 먹으라고 내민다. "니 감자는 묵어봤나?" 요즘 식의 강원도 정서라고 할까. 스멀스멀 피어나는 정분을 감추기 위해서인지도 모른다.

'나'의 닭이 점순이 수탉에게 패배하자 연신 약을 올려대는 점순이가 미워 '나'는 점순이 수탉을 막대기로 때려죽여 버린다. 그런 소동에도 점순이 볼은 얼핏 붉어진다. 동백꽃의 끝은 이렇다.

"산기슭 바위 사위로 동백꽃잎이 깔려 있다. 갑자기 점순이가 나의 어깨를 떠밀고 앞으로 쓰러지는 바람에 몸이 서로 겹쳐진다. 나는 동백꽃의 알싸한 향과 뭔지 모르는 아뜩함이 몰려와 정신이 혼미해진다. 잠시 후, 아랫동네에서 점순이 어미가 '점순아! 이년이 바느질하다 말구 어디 갔어' 불러댄다. 화들짝 놀란 점순이는 '너 말 마라' 다짐을 놓는다. 점순이는 아랫동네로 나는 산 위로 기어서 내뺀다."

여기서 소설은 끝난다. 여운을 남기며 그 무엇을 상상하게 한다.

하일지 교수가 「동백꽃」을 선택한 게 불운인지 의도인지는 알 수 없다. 하지만 하 교수가 강의 중 언급한 몇마디는 그를 미투운동에 휩싸이게 했다. "동네 처녀가 총각 따먹는 이야기지. 총각을 갖다가 성폭행, 강간하는 이야기지. 말하자면 그런 거지. 이 총각은 미투해야 되겠다." 물론 "소설이란 도덕적 관점에서 누가 좋다, 나쁘다 단정하는 것이 아니라 '인생이 이렇다'라고 표현하는 것"이라 덧붙이기도 했다.

미투운동에 한껏 고무된 여자 대학생들로서는 하 교수의 말이 받아들이기 어려웠을 것이다. 여기에 하 교수는 성 추문을 일으킨 전 충남도지사 안희정의 이야기를 이어감으로써 불에 기름을 끼얹은 꼴이 되었다.

"여러 유추를 할 수 있지. 그중 하나는 질투심 때문일 수도 있어. 안희정이 그 사람하고 결혼을 하겠다고 했다면 안 그랬을 거야. 한 사람만 한결같이 좋아했다면 안 그랬을 수도 있겠지만. 이건 유추야. 이건 확신할 수 있는 건 아니야." 하 교수는 유사성을 근거로 추리하는 유추라고 강조했지만 결국 일은 벌어지고 말았다.

그 페미니즘은 틀렸다

동덕여대 학생들은 하 교수의 사직을 주장하는 기자회견을 열었고 구호를 외쳤다. 그의 잘못은 '미투 비하'와 '2차 가해'였다. 이 두 가지 프레임은 소설 「동백꽃」을 해석하는 관점, 교수가 다른 의견을 말할 권리를 모두 묻어버렸다. 수업 시간에 작품에 대해 언급한 교수의 발언은 소동을 일으켜 결국 강단을 떠나게 만드는 사태로 번졌다. 게다가 2년 전 재학생을 성추행했다는 의혹까지 불거졌다. 여기에 대한 하 교수의 입장은 단호했다. "미투라는 이름으로 자행되는 무례하고도 비이성적인 도발"이라 반박했다.

2006년 경희대 국문학과에 재직 중이던 서정범 교수도 결국 무죄가 입증되었지만, 그 과정에서 죽음이라는 비참한 결말을 맞았다. 서 교수의 파면을 학내에서 주도한 여학생은 국문학과 학생이었고 총여학생회 소속이었다. 하일지 교수의 규탄을 주도한 여학생도 문예창작과 학생이었다. 문예창작은 상상력, 감성, 사회적인 문제의식, 비판 정신에서 출발하는 것이다. 하일지 교수의 발언을 두고 반박하고 토론하며 수업으로 끝낼 수는 없었던 것인가.

유행처럼 번지는 미투에 대해 다른 의견이나 시각을 제시하면 미투 비하이고 조롱인가? 그것이 지탄받을 일인가? 또 다른 분석이나 사실관계 여부를 말하면 2차 가해인가? 피해자 중심주의, 피해자 보호주의 모두 좋다. 하지만 '피해자와 가해자' 이분법만으로 모든 것을 재단하는 것이 올바른가? 미투 광풍에 묻지 않을 수 없다.

미투운동을 시작한 '타라나 버크'의 말은 여러 가지를 생각하게 한다. "미투는 성폭력을 겪은 모두를 위한 것이지 여성운동이 아니다.

남자들은 적이 아니라는 점을 분명히 해야 한다. 우리는 매우 구체적이고 신중해야 하며, 실명과 얼굴을 드러내고 당당해야 한다. 당신이 어떤 것이 폭력이라고 말한다면 이는 법적인 의미와 파문을 불러올 수도 있다."

국가는 법치 제도라는 근본 토대 위에 세워져 있다. '법치'란 국민이라면 법을 지켜야 하는 책임감을 강조한다. 또한, 법은 국민 누구에게나 공정하게 적용되어야 하며 법 위에 누구도 군림할 수 없다는 원칙이다.

그렇다면 현재 일어나는 '미투'는 어떤가? 법치 원칙에 근거하고 있을까? 피해자 보호, 피해자 중심주의라는 원리로 실명도 얼굴도 드러내지 않고 가명으로 미투하는 것은 미투운동의 근본 취지에서 벗어난다. 가해자에 대해서도 법치 제도의 틀 안에서 공정하게 법 집행이 이루어져야 한다. 가해자로 지목된 이는 수십 년간 쌓은 커리어와 미래가 한순간에 끝장난다. 피해자는 피해 사실을 알리는 일이 힘겨울지라도 실명과 얼굴을 드러내고 당당히 해야 한다. 가해자가 인정하지 않는 사실에 의혹만 제기하는 행태가 아니라 사실관계를 정확히 짚어야 한다.

과열된 미투운동은 분명 변질되었다. 남녀가 서로 몸을 사리고 말한마디 건네기 힘든 긴장감이 감도는 이 현상이 과연 정상인가. 각 대학교 대나무숲은 익명의 미투 폭로로 시끄럽다. 도대체 이 성 전쟁은 언제 끝날까.

급진적 페미니즘은 남성 혐오로 변질되었다. 남녀 분리주의는 급

　　　　　　　　그 페미니즘은 틀렸다

진적 페미니즘이 가고자 하는 종착역인가? 남녀 분리주의의 가속화는 두려운 일이다. 페미니스트들은 여성이 억압받는 존재라며 줄기차게 세뇌시킨다. 여성은 사회적·신체적 약자이니 여성 전용 시설을 설치하고 여성 배려 정책을 시행하라고 지속해서 요구한다. 이것은 페미니스트들이 그토록 없애고자 투쟁했던 가부장제로의 귀속과 다름없다. 페미니스트들의 메마른 지성에 연대의 정신이 깃들길 바란다.

나의 부족한 책이 급진적 페미니즘의 광풍 속에서 연대의 의미를 되찾고 남녀 갈등, 사회 분열을 극복하기 위한 휴머니즘 정신으로 돌아가는 데 작으나마 도움이 되기를 염원한다.

페미니스트가 아니라 휴머니스트가 되자!

샤를 몽테스키외의 말로 끝맺음하고자 한다. "글을 쓸 때 어떤 주제에 대해 바닥까지 완벽히 파헤칠 필요는 없다. 그것이 원칙이라 해도 마찬가지다. 그런 글은 읽힐 수는 있으나 독자를 생각하게 만들지는 않기 때문이다."[64]

미주

1   《매일신문》칼럼, 2016년 7월 27일.

2   《한겨레》칼럼, 2016년 7월 30일.

3   JTBC 〈뉴스룸〉, 2016년 7월 27일.

4   「분노한 남자들」,《시사인》제467호, 2016년 8월.

5   《한겨레》칼럼, 2016년 7월 30일.

6   《경향신문》칼럼, 2016년 8월 1일.

7   《한겨레》칼럼, 2016년 7월 30일.

8   《여성문》, 2016년 9월 22일.

9   한국여성재단, 『2016 여성회의: 새로운 물결, 페미니즘 이어달리기 자료집』, 2016년 9월.

10 「시간을 달리는 페미니스트들, 새 판 짜기에서 미러링으로」,《릿터》2호, 2016년 10월.

11 프랜시스 세예르스테드, 『사회민주주의의 시대』, 글항아리, 2015, p.542.

12 앤 스티븐스, 『여성, 권력과 정치』, 명인문화사, 2010, p.231.

13 앤 스티븐스, 앞의 책, p.220.

14 캐롤린 라마자노글루, 『페미니즘, 무엇이 문제인가』, 문예출판사, 1997, p.55.

15 서울 위례별초등학교 최현희 교사의 보도 인터뷰, 2017년 8월 16일.

16 국회 정론관 기자회견, 2017년 9월 1일.

17 《경향신문》시론, 2016년 8월 1일.

18 「서민의 페미니즘 혁명」,《여성문》, 2016년 8월 16일.

19 홍성수, 한국여성민우회 특강, 2017년 6월 7일.

20 로랑 조프랭, 『캐비어 좌파의 역사』, 워드앤코드, 2012, p.7.

21 「1020이 묻고 손아람 작가가 답하다」,《중앙일보》, 2018년 2월 24일.

22 주디스 로버, 『젠더 불평등: 페미니즘 이론과 정책』, 일신사, 2005, p.227.

23 이창신, 『미국 여성의 역사, 또 하나의 역사』, 당대, p.387.

24 TV조선, 2015년 1월 18일.

25 《데일리한국》, 2016년 2월 2일.

26 엘리자베트 바댕테르, 『잘못된 길: 1990년대 이후의 급진적 여성운동에 대한 비판적 성찰』, 중심, 2003, pp.114~115.

27 엘리자베트 바댕테르, 앞의 책, p.106.

28 CHOSUN.COM, 〈뉴스 Q〉, 2016년 12월 7일.

29 《일다》젠더 프리즘 칼럼, 2017년 8월 18일.

30 해나 로진, 『남자의 종말』, 민음인, 2012.

31 해나 로진, 앞의 책, p.14.

32 피터 매캘리스터, 『남성 퇴화 보고서』, 21세기북스, 2012, p.8.

33 에릭 클라이넨버그, 『고잉 솔로: 싱글턴이 온다』, 더퀘스트, 2013, p.34.

34 통계청, 「2016년 통계로 보는 여성들의 삶」.

35 프랜시스 세예르스테드, 앞의 책, p.541.

36 김동선, '고령화와 일본 사회보장 제도' 강의.

37 이동현, '홈리스행동' 제공 자료.

38 앤 스티븐스, 앞의 책, p.216.

39 엘리자베트 바댕테르, 앞의 책, p.13.

40 앤서니 기든스, 『현대 사회학』, 을유문화사, 1998, p.484.

41 엘리자베트 바댕테르, 앞의 책, pp.88~89.

42 한국여성단체연합 홈페이지.

43 토니 주트, 『20세기를 생각한다』, 열린책들, 2015, p.465.

44 알렉산더 페트링, 『사회민주주의총서 Ⅲ, 복지국가와 사회민주주의』, 한울, 2012.

45 신광영, 『스웨덴 사회민주주의』, 한울, 2015, pp.375~376.

46 토마 피케티, 『21세기 자본』, 글항아리, 2014, p.568.

47 에밀리 맷차, 『하우스 와이프 2.0』, 미메시스, 2013, p.302.

48 파티마 메르니시, 『이슬람의 잊혀진 여왕들』, 훗, 2016, p.201.

49 파티마 메르니시, 앞의 책, p.26.

50 슈테판 츠바이크, 『슈테판 츠바이크의 메리 스튜어트』, 이마고, 2008, p.125.

51 앤 스티븐스, 앞의 책, pp.58~59.

52 엘리자베트 바댕테르, 앞의 책, pp.54~55.

53 토니 주트, 앞의 책, p.60.

54 토니 주트, 앞의 책, p.88.

55 폴 존슨, 『지식인의 두 얼굴』, 을유문화사, 2005, p.432.

56 폴 존슨, 앞의 책, pp.433~434, p.439.

57 알렉산드라 콜론타이, 『콜론타이의 여성 문제의 사회적 기초·세계 여성의 날』, 좁쌀한알,
    2018, p.41.

58 알렉산드라 콜론타이, 앞의 책, p.39.

59 알렉산드라 콜론타이, 앞의 책, p.89.

60 알렉산드라 콜론타이, 앞의 책, p.122.

61 사라 에반스, 『자유를 위한 탄생: 미국 여성의 역사』, 이화여자대학교출판부, 1998,
    p.414.

62 에밀리 맷차, 앞의 책, p.190.

63 로랑 조프랭, 앞의 책, p.119.

64 스테파노 자마니, 『인류 최악의 미덕 탐욕』, 북돋움, 2014, p.27.

그 페미니즘은 틀렸다

1판 1쇄 발행 | 2018년 7월 9일
1판 2쇄 발행 | 2018년 7월 23일

지은이 오세라비
펴낸이 최종기
펴낸곳 좁쌀한알
디자인 제이알컴
신고번호 제2015-000058호
주소 경기도 고양시 일산동구 장항로 139-19
전화 070-7794-4872
ⓒ오세라비, 2018

ISBN 979-11-954195-7-9   03330

이 도서의 국립중앙도서관 출판예정도서목록(CIP)은 서지정보유통지원시스템 홈페이지(http://seoji.nl.go.kr)와
국가자료공동목록시스템(http://www.nl.go.kr/kolisnet)에서 이용하실 수 있습니다.(CIP제어번호: CIP2018019901)

판매·공급 | 한스컨텐츠㈜
전화 | 031-927-9279
팩스 | 02-2179-8103